职业教育"岗课赛证"一体化教材

U0590252

旅游社交礼仪
（第二版）

LÜYOU SHEJIAO LIYI

主　编　吴　玲
副主编　郭　蓓　罗　晨

新形态
教材

本书另配教学课件等资源

中国教育出版传媒集团
高等教育出版社·北京

内容提要

本书是职业教育"岗课赛证"一体化教材。

本书的主要内容包括个人礼仪、交往礼仪、会议礼仪三个模块,共十二个项目、二十五个任务。以强化应用为教学重点,突出任务技能的操作训练,辅以案例教学,具有"实用"和"实践能力"两大特点。

本书在充分调研、分析旅游社交礼仪课程实训教学现状及教学资源需求的基础上,探索形成了"纸质教材+数字化教学资源+网络平台"的立体配套教材建设模式。数字化教学资源内容包括教学视频、教师课件、考核题库等。

本书可作为高等职业本科院校、高等职业专科院校旅游大类相关专业课程教学用书,也可作为社会从业人员自学用书。

图书在版编目(CIP)数据

旅游社交礼仪 / 吴玲主编. -- 2版. -- 北京 : 高等教育出版社,2025.1. -- ISBN 978-7-04-063551-5

Ⅰ. F590.63

中国国家版本馆 CIP 数据核字第 2024JT9060 号

策划编辑 毕颖娟 刘智豪　　**责任编辑** 刘智豪 毕颖娟　　**封面设计** 张文豪　　**责任印制** 高忠富

出版发行	高等教育出版社	**网　　址**	http://www.hep.edu.cn	
社　　址	北京市西城区德外大街 4 号		http://www.hep.com.cn	
邮政编码	100120	**网上订购**	http://www.hepmall.com.cn	
印　　刷	上海盛通时代印刷有限公司		http://www.hepmall.com	
开　　本	787mm×1092mm　1/16		http://www.hepmall.cn	
印　　张	8.5	**版　　次**	2014 年 8 月第 1 版	
字　　数	182 千字		2025 年 1 月第 2 版	
购书热线	010-58581118	**印　　次**	2025 年 1 月第 1 次印刷	
咨询电话	400-810-0598	**定　　价**	21.00 元	

本书如有缺页、倒页、脱页等质量问题,请到所购图书销售部门联系调换

版权所有　侵权必究

物 料 号 63551-00

第二版前言

文化自信是一个国家、一个民族发展中最基本、最深沉、最持久的力量。旅游作为一种文化交流和传播的重要方式,不仅能够促进经济的发展,更是展示国家形象、传播文化魅力的重要途径。因此,掌握旅游社交礼仪,不仅是个人素质的体现,更是对国家文化自信的践行。

本书深入贯彻党的二十大精神,强调在旅游活动中,我们应如何以礼待人、以礼行事,展现出中国人的文明素养和良好形象。书中全面系统地论述了社交礼仪以及旅游服务专业礼仪知识,不仅涵盖了一般社交礼仪学的内容体系,更着重体现了旅游专业礼仪内容。通过交往艺术与沟通技巧、旅游交往中的礼仪重点、礼仪互动、服务与接待礼仪、商务社交礼仪等内容,全面展示了现代旅游礼仪与交往艺术。

我们通过设计模块、创新技能项目,提炼工作过程中的任务实训项目,改革教学方法;以学生为主体,教师示范指导教学,充分发挥学生的自主学习能力为思路,创新设计编排任务实训步骤、操作标准、考核评定要求等内容;同时,融入职业礼仪考核的相关知识和考核标准;还通过案例导入、任务实训和相关知识的学习与操作实训,使学生掌握旅游社交礼仪的职业技能和相关礼仪知识,提高旅游社交礼仪的实践水平。

本书的主要内容包括个人礼仪、交往礼仪、会议礼仪三个模块,共十二个项目、二十五个任务。以强化应用为教学重点,突出任务技能的操作实训,辅以案例教学,具有"实用"和"实训"两大特点,从而使学生能学以致用。

本书确立了"优秀教学内容与先进教学技术相结合"的开发思路,在充分调研、分析旅游专业社交礼仪课程实训教学现状及教学资源需求的基础上,**探索形成了"纸质教材+数字化教学资源+网络平台"的立体配套教材建设模式。建立了"旅游社交礼仪"精品课程网页、酒店管理专业教学资源库网页,构建了一个远程教学平台,从而实现资源共享的目的。**

纸质教材是学生学习的教本,是整个教材体系的核心部分;网络数字化教学资源是实训教学全过程的重要支撑,是纸质教材的形象化、可视化载体,内容包括教学视频、教学课件、考核题库等教学资源,为教师教学、演示操作、学生自学、预习自训、教师考核和学生自测等提供了网络资源保障。

本书由江西旅游商贸职业学院吴玲担任主编,郭蓓与罗晨任副主编。其中,吴玲负责教材编写方案的策划与设计,并编写了模块一中的项目一、模块三中的项目一、项目二；郭蓓（江西旅游商贸职业学院）编写模块一中项目二、项目三、项目四、项目五；罗晨（江西旅游商贸职业学院）编写模块二中的项目一、项目三、项目四；舒怡（江西教育学院）编写模块二中的项目二、项目五；吴玲担任全书的最后统稿和定稿工作。

　　本书能顺利完成和出版，是编写组全体成员共同努力的成果。在编写本书过程中，我们参阅了大量的专著和书籍，引用了有关资料，得到了教学合作企业的大力支持和帮助，在此，真诚地对参阅和借鉴资料的作者致以深深的感谢！

　　由于我们知识水平有限，本书中还存有不足之处，敬请各位读者谅解，并恳请读者朋友对本书提出宝贵意见。

吴　玲

2025 年 1 月

目　录

资源导航

模块一 个人礼仪

项目一 认知礼仪

◇ **学习目标**

了解礼仪的目的,注重礼仪的内在修养,掌握日常个人礼仪的基本要求。

◆ **案例导入**

案例一 修养是第一课

有一批应届毕业生22个人,实习时被导师带到北京的国家某部委实验室里参观。全体学生坐在会议室里等待部长的到来,这时有秘书给大家倒水,同学们表情木然地看着她忙活,其中一个还问了句:"有绿茶吗?天太热了。"秘书回答说:"抱歉,刚刚用完了。"林然看着有点别扭,心里嘀咕:"人家给你水还挑三拣四。"轮到他时,他轻声说:"谢谢,大热天的,辛苦了。"秘书抬头看了他一眼,满含着惊奇,虽然这是很普通的客气话,却是她今天唯一听到的一句。

门开了,部长走进来和大家打招呼,不知怎么回事,静悄悄的,没有一个人回应。林然左右看了看,犹犹豫豫地鼓了几下掌,同学们这才稀稀落落地跟着拍手,由于不齐,越发显得零乱。部长挥了挥手:"欢迎同学们到这里来参观。平时这些事一般都是由办公室负责接待,因为我和你们的导师是老同学,非常要好,所以这次我亲自来给大家讲一些有关情况。我看同学们好像都没有带笔记本,这样吧,王秘书,请你去拿一些我们部里印的纪念手册,送给同学们作纪念。"接下来,更尴尬的事情发生了,大家都坐在那里,很随意地用一只手接过部长双手递过来的手册。部长脸色越来越难看,来到林然面前时,已经快要没有耐心了。就在这时,林然礼貌地站起来,身体微倾,双手接住手册,恭敬地说了一声:"谢谢您!"部长闻听此言,不觉眼前一亮,伸手拍了拍林然的肩膀:"你叫什么名字?"林然照实作答,部长微笑点头,回到自己的座位上。早已汗颜的导师看到此景,才微微松了一口气。

1

两个月后,同学们各奔东西,林然的去向栏里赫然写着国家某部委实验室。有几位颇感不满的同学找到导师:"林然的学习成绩最多算是中等,凭什么推荐他而没有推荐我们?"导师看了看这几张尚属稚嫩的脸,笑道:"是人家点名来要的。其实你们的机会是完全一样的,你们的成绩甚至比林然还要好,但是除了学习之外,你需要学的东西太多了,修养是第一课。"

评析:林然在一群冷漠、"无礼"的同学中显示出了良好的礼仪修养,最根本的就在于他懂得尊重他人。尊重他人正是礼仪的核心价值。因此,作为当代大学生,急需补上这人生的第一课。

案例二　迟来的尊敬

我们公司的场地构造有点特殊,进门的玄关旁边有一个座位,因为我是财务,不用和他们项目组的同事坐在一起,所以玄关旁边的位子就是我的座位。我们公司前几个月新来了一个大学毕业生,每次进门首先看见我,招呼不打一声,头也不点一下不说,还直瞪瞪看我一眼就走进去了。我怀疑她可能以为我只是一个前台的阿姨,所以如此不屑一顾。后来过了几天,大概她终于搞清楚我并非什么接接电话、收收快递的阿姨,而是掌管她每个月工资的"财政大臣",猛地就开始殷勤了起来,一进门"刘老师"叫得山响。可是,我心里的感受却不一样了,即使她现在对我再怎么尊敬,毕竟是有原因的,我对她也生不出什么好感来。我就很纳闷,怎么一个堂堂大学生,刚进社会就学会了势利?如果我真的是前台阿姨,是不是她这辈子都不打算跟我打招呼?新人刚进职场,礼貌很关键,人际关系一定要妥善处理,不能以貌取人或者想当然,要记得地位低下的员工同样也是前辈或者长辈。哪怕是打扫卫生的阿姨,如果正好清理到自己的纸篓什么的,不忘记说一声"谢谢",就会平添自己很多的亲和力和人缘。刚刚毕业的大学生真的是要好好树立自己在公司的第一印象,这可不是闹着玩的。

评析:那位新毕业的大学生对一位自以为是"看门的"显出不屑一顾,当得知是"财神"的时候又显得过分亲热。其实,就是不懂得如何尊重他人。

案例三　信守约定问题

国内有一家企业前往日本寻找合作伙伴。到了日本后,通过多方努力,终于寻觅到了自己的"意中人"——一家具有国际声望的日本公司。经过双方商定,首先草签了一个有关双边合作的协议。当时,在中方人士看来,可以算是大功告成了。

到了正式签订中日双方合作协议的那一天,由于种种原因,中方抵达签字地点的时间比约定时间晚了15分钟。当他们快步走进签字厅时,只见日方人员排列成一行,正在恭候他们的到来,还没有容中方人员作出关于迟到原因的解释,日方的全体人员整整齐齐地向他们鞠了一个大躬,然后集体退出签字厅。双方的合作就此结束了。事后,日方的解释是:"我们绝不会为自己找一个没有时间观念的生意伙伴。不信守约定的人,永远都是不值得信赖的。"

◆ 任务实训

任务　日常礼仪讨论

日常礼仪对话的实训安排如表 1-1 所示。

表 1-1　日常礼仪讨论实训安排

要　　素	内　　　　容
实训时间	1 课时
实训目的	了解礼仪的目的,注重礼仪的内在修养、掌握日常个人礼仪的基本要求
实训要求	围绕讨论目的,每个学生各抒己见,谈谈日常所见的礼仪行为或失礼行为,以及带来的影响
实训方法	全班讨论或分组讨论
注意事项	尽量让每个学生都发表见解,谈谈日常生活中的礼仪

◆ 相关知识

古今中外,从个人到国家,礼仪无时不在,无处不在。凡是有人类生活的地方,就存在着各种各样的礼仪规范。远古时候,人类为了求生存要祭神以求保护,至今这种礼仪形式依然存在,如在春节时,家家户户要摆起烛台祭祖宗,祭天神、地神和灶神,以求来年风调雨顺,阖家幸福。这是人类一种美好愿望的寄托。而当今,现代社交礼仪的内容已渗透到社会的方方面面,从政治、经济、文化领域,到人们的日常生活方面,礼仪活动普遍存在。比如,大到一个国家的国庆庆典,小到一个公司的开张志喜,再到人们日常生活中的接待、见面谈话、宴请等,均需要讲究礼仪规范,遵守一定礼仪行为准则。

一、社交礼仪的含义

所谓社交礼仪,是指在人际交往、社会交往和国际交往活动中,用于表示尊重、亲善和友好的首选行为规范和惯用形式。这一定义包含了以下几层意思:

(一) 社交礼仪是一种道德行为规范

规范就是规矩、章法、条条框框,也就是说社交礼仪是对人的行为进行约束的条条框框,告诉你要怎么做,不要怎么做。如你到老师办公室办事,进门前要先敲门,若不敲门就直接闯进去是失礼的。社交礼仪比起法律、纪律,其约束力要弱得多,违反社交礼仪规范,只能让别人产生厌恶,别人不能对你进行制裁。因此,社交礼仪的约束要靠道德修养的自律。

(二) 社交礼仪的直接目的是表示对他人的尊重

尊重是社交礼仪的本质。人都有被尊重的高级精神需要,当在社会交往活动过程中,按照社交礼仪的要求去做,就会使人获得尊重的满足,从而获得愉悦,由此达到人与

1

人之间关系的和谐。

（三）社交礼仪的根本目的是维护社会正常的生活秩序

没有社交礼仪,社会正常的生活秩序就会遭到破坏,在这方面,它和法律、纪律共同起作用,也正是因为这一目的,无论是资本主义社会还是社会主义社会都非常重视社交礼仪规范建设。

（四）社交礼仪要求在人际交往、社会交往活动中遵守

这是它的范围,超出这个范围,社交礼仪规范就不一定适用了。如在公共场所穿拖鞋是失礼的,而在家穿拖鞋则是正常的。

二、学习社交礼仪的目的

（一）学习社交礼仪可以提高人的内在品质和修养

文化素质教育主要是指通过人文学科的教育去塑造和培养你的内在品格和修养,也就是塑造你具有高尚的精神境界和高品位的文化境界。人文教育有明显的教化功能。它作用于人的情感状态,影响和改变人的价值观、人生观、个性等,最终目标是教会你学会与他人相处,学会做文明人。现在一般认为人文素质教育渗透在文学、艺术、历史文化、哲学、伦理学等学科中,而社交礼仪教育涵盖了中华民族的文化教育和道德教育。可见,社交礼仪教育更能直接地教会你如何与人相处,如何做文明人。因此,"社交礼仪"课应完全可以纳入高校人文素质教育的课程之列,作为必修课,在高校中推广和普及,这有助于人文素质教育落到实处。

（二）学习社交礼教有利于强化文明行为

社交礼仪教育是社会主义精神文明教育体系中最基础的内容。因为讲文明、讲礼貌是人们精神文明程度的实际体现。普及和应用礼仪知识,是加强社会主义精神文明建设的需要。通过社交礼仪教育,让你明确言谈、举止、仪表和服饰能反映出一个人的思想修养、文明程度和精神面貌。然而,每个人的文明程度不仅关系到自己的形象,同时也影响到整个社会的精神文明。

（三）学习社交礼仪有利于提高社会心理承受力

没有谁能够与世隔绝,于是就有了交际。人在社会化过程中,需要学习的东西很多,而社交礼仪教育是一个人在社会化过程中必不可少的重要内容。因为,礼仪是整个人生旅途中的必修课。任何一个生活在某一礼仪习俗和规范环境中的人,都自觉或不自觉地受到该礼仪的约束。自觉地接受社会礼仪约束的人,就被人们认识为"成熟的人",符合社会要求的人。反之,一个人如果不能遵守社会生活中的礼仪要求,他就会被该社会中的人视为"惊世骇俗"的"异端",就会受到人们的排斥,社会就会以道德和舆论的手段来对他加以约束。一个具有良好的心理承受力人,在交际活动中遇到各种情况和困难时,都能始终保持沉着稳定的心理状态,根据所掌握的信息,迅速采取最合理的行为方式,化险为夷,争取主动。相反,一些缺乏良好的心理承受力的人,在参加重大交际活动前,常会出现惊慌恐惧,心神不定,坐立不安的状况,有的在交际活动开始后,甚至会出现心跳加快,四肢颤抖,说话声调不正常的现象。学习社交礼仪教育,不仅满足你走向社会的需要,还可以培养你适应社会生活的能力,提高你的社会心理承受力。

通过社交礼仪学习进一步提高我们的礼仪修养,培养应对酬答的实际能力,养成良好的礼仪习惯,具备基本的文明教养,让文明之花遍地开放。如果人人讲礼仪,我们的社会将充满和谐与温馨。由此可见,社交礼仪的根本目标是要教育、引导全体公民自觉遵循社会主义礼貌道德规范以及相应的社交礼仪形式,提高人们的文明意识,养成人们文明行为的习惯,促使良好社会风尚形成,使人与人之间、人与社会之间达到高度和谐与有序。

三、社交礼仪要注重内在修养

社交礼仪的语言、着装、行为的表现和展示,必须要有内在文化涵养的支撑。只有不断地加强个人文化的修养,提高对生活的品位要求,才能做到具有知书达理人士的风度和风范。社交礼仪的内在修养主要包括以下三个方面:

(一)伦理修养

伦理修养是指一个人的意识、信念、行为和习惯的磨炼与提高的过程,同时也是指达到一定的境界。有德才会有礼,缺德必定无礼,伦理是礼仪的基础。现实生活中,为人虚伪、自私自利、斤斤计较、唯我独尊、嫉妒心强、苛求于人、骄傲自满的人,对别人不可能诚心诚意、以礼相待。因此,只有努力提高伦理修养,不断地陶冶自己的情操,追求至善的理想境界,才能使人的礼仪水平得到相应的提高。

(二)文化修养

风度是人格化的表征,是精神化的社会形象,是人们长期而又自觉的文化思想修养的结果。有教养的人大都懂科学、有文化。他们思考问题周密,分析问题透彻,处理问题有方,而且反应敏捷,语言流畅,自信稳重,在社会交往中具有吸引力,让人感到知识上获益匪浅,身心上愉快舒畅。相反,文化修养较低的人,缺乏自信,给人以木讷、呆滞或狂妄、浅薄的印象。因此,只有自觉地提高文化修养水平,增加社交的"底气",才能使自己在社交场上温文尔雅、彬彬有礼、潇洒自如。

(三)艺术修养

艺术是通过具体、生动的感性形象来反映社会生活的审美活动。艺术作品蕴藏着丰厚的民族文化艺术素养,更凝聚着艺术家的思想、人生态度和价值取向。因此,我们在欣赏艺术作品时,必然会受到民族文化的熏陶,同时也受到艺术家的人生观、世界观、价值观等方面的影响,倾心于艺术作品所描绘的美的境界之中,获得审美的陶醉和感情的升华。思想也得到了启发,高尚的道德情操和文明习惯就会培养起来。因此,要有意识尽可能多地接触内容健康、情趣高雅、艺术性强的艺术作品,如文学作品、音乐、书法、舞蹈、雕塑等,都会对人们提高礼仪素质大有裨益。

1

四、日常个人礼仪要求

（一）特定公共场所的个人礼仪

在公共场所更要注意社交礼仪,下面就给大家介绍几种常见公共场所要注意的个人礼仪小细节。

1. 影剧院

观众应尽早入座。如果自己的座位在中间应当有礼貌地向已就座者示意,使其让自己通过。通过让座者时要与之正面相对,切勿让自己的臀部正对着人家的脸,这是很失礼的。应注意衣着整洁,即使天气炎热,袒胸露腹,也是不雅观的。在影剧院万不可大呼小叫,笑语喧哗,也别把影院当成小吃店大吃大喝。演出结束后观众应有秩序地离开,不要推搡。

2. 图书馆、阅览室

图书馆、阅览室是公共的学习场所。

（1）要注意整洁,遵守规则。不能穿汗衫和拖鞋入内。就座后,不要为别人预占位置,查阅目录卡片时,不可把卡片翻乱或撕坏,或用笔在卡片上涂抹画线。

（2）要保持安静和卫生。走动时脚步要轻,不要高声谈话,不要吃有声或带有果壳的食物,这些都是有悖于文明礼貌的。

（3）图书馆、阅览室的图书、桌椅、板凳等,属于公共财产,也应该注意爱护,不要随意刻画、破坏。

（二）乘车的个人礼仪

1. 骑自行车

要严格遵守交通规则。不闯红灯,骑车时不撑雨伞,不互相追逐或曲折竞驶,不骑车带人。遇到老弱病残者动作迟缓的,要给予谅解,主动礼让。

2. 乘火车、轮船

在候车室、候船室里,要保持安静,不要大声喊叫。上车、登船时要依次排队,不要乱挤乱撞。在车厢、轮船里,不能随地吐痰,不能乱丢纸屑果皮,也不能让小孩随地大小便。

3. 乘公共汽车

车到站时应依次排队,对妇女、儿童、老年人及病残者要照顾谦让。上车后不要抢占座位,更不要把物品放到座位上替别人占座。遇到老弱病残孕及怀抱婴儿的乘客应主动让座。

（三）旅游观光的礼仪

1. 游览观光

凡旅游观光者应爱护旅游观光地区的公共财物。对公共建筑、设施和文物古迹,甚至花草树木,都不能随意破坏;不能在柱、墙、碑等建筑物上乱写、乱画、乱刻;不要随地吐痰、随地大小便、污染环境；不要乱扔果皮纸屑、杂物。

2. 宾馆住宿

旅客在宾馆时不要在房间里大声喧哗或举行吵闹的聚会，以免影响其他客人。对服务员要以礼相待，对他们所提供的服务表示感谢。

3. 饭店进餐

尊重服务员的劳动，对服务员应谦和有礼，当服务员忙不过来时，应耐心等待，不可敲击桌碗或喊叫。对于服务员工作上的失误，要善意提出，不可冷言冷语，或加以讽刺。

（四）聆听讲话的礼仪

在人际交往中，多听少说，善于倾听别人讲话是一种高雅的素养。因为认真倾听别人讲话，表现了对说话者的尊重，人们也往往会把忠实的听众视作可以信赖的知己。

聆听别人讲话，必须做到耳到、眼到、心到，同时还要辅以其他的行为和态度。不少社会学家和心理学家从人际关系角度进行研究，提出了以下聆听技巧：

（1）注视说话者，保持目光接触，不要东张西望。

（2）单独听对方讲话，身子稍稍前倾。

（3）面部保持自然的微笑，表情随对方谈话内容有相应的变化，恰如其分地频频点头。

（4）不要中途打断对方，让对方把话说完。

（5）适时而恰当地提出问题，配合对方的语气表述自己的意见。

（6）不离开对方所讲的话题，但可通过巧妙的应答，把对方讲话的内容引向所需的方向和层次。

（五）观看比赛的礼仪

任何比赛，观众都是赛场的重要组成部分，没有观众比赛就失去了意义。观众观看比赛是有两个层面的活动：一个是欣赏，欣赏运动员优美的技术动作，欣赏运动员之间浑然天成的战术配合；另一个是参与，观众在看台上摇旗呐喊，助威加油，场上场下融为一体。观众通过参与，宣泄情绪得到满足。

（1）观看体育比赛时，要注意自己的言行举止。言行举止不仅是个人涵养的问题，也关系到社会风气问题。精彩的体育比赛振奋人心，欢呼和呐喊是很自然的事情。可以为你所喜欢的一方叫好，但不应该辱骂另一方。如果是精彩的场面，不管是主队的还是客队的，都应该鼓掌加油，表现出公道和友好。

（2）在比赛中起哄、乱叫、向场内扔东西、鼓倒掌、喝倒彩的行为，是违背体育精神的，更是没有教养的表现。在比赛的紧要关头，尽量不要因一时激动而从座位上跳起来，挡住后面的观众。要知道，越是关键的时刻，大家的心情越是一样。

（3）体育场内一般不许吸烟。实在忍不住，可以到休息厅或允许吸烟的地方去吸烟。如果喜欢吃零食的话，记得不要把果皮纸屑随地乱扔。能产生较大噪音的零食最好别吃，因为大的噪音会影响身边其他观众的情绪。

（4）看比赛的时候，不要带年龄太小的孩子去。小孩往往只有三分钟热度，很快就会对比赛没兴趣，继而来回跑甚至哭闹，会影响你周围的观众。

（5）观看体育比赛时的穿着，可以随气候、场所和个人爱好而定。但也要注意公共场所礼节。即便再热，不能只穿一件小背心，更不能光着膀子观看比赛，这样不大雅观。

（6）在比赛中如果觉得裁判有问题，要按照程序向有关人员提出。谩骂、起哄甚至围攻裁判都是不应该的。

赛场上，观众与运动员的互动是十分重要的，良性互动能够激发运动员振奋精神，更好地投入比赛。然而，这种互动对于不同的运动项目是有所不同的。一种是有节制的互动，比如网球、高尔夫球、马术等项目，需要相对安静的比赛环境，观众就应该比较绅士，根据比赛规则恰到好处地给予掌声。还有一种是比较热烈的互动，比如足球、手球、篮球等项目，拉拉队可以尽情地"折腾"，不论是喊声震天，还是全场制造人浪，都不为过。当然即便是同一种比赛，不同的阶段，运动员需要的环境也不同，观众需要审时度势。比如足球比赛中一方罚点球，这是扣人心弦的时候，球迷必然会屏住呼吸，瞪大眼睛，安静地等待精彩瞬间；当网球运动员发了一个漂亮的 Ace 球，观众如果冷冷地没有任何反应，也是令人尴尬的。

观看比赛和观看演出的礼仪不同，不能要求观众衣冠楚楚、安安静静地坐在座位上，这种要求是不现实的，不同国家不同地区的球迷在赛场上的表现也是大相径庭的。而且，比赛是有很强对抗性的，球迷也是有鲜明的倾向性和个性的，当自己支持的球队失利时，有时会在赛场上为对方制造干扰，这都是可以理解的，不必指责。

观看体育比赛，应该准时入场，以免入座时打扰别人。入场后，应该对号入座。不要因为自己的座位不好，而占了别人的座位。

如果赛后你有事，想快点退场，你就应该在终场前几分钟悄悄走，不要等散场时，在人群中乱穿乱挤。

散场的时候，要跟着人流一步步地走向门口。挤、推的话，可能谁也出不去，甚至还会出现危险。万一被拥挤的观众围困，要记住"向最近便道出口缓行"和"顺着人流前进，切勿乱钻"。

（六）感谢的礼仪

生活中我们经常会得到他人的帮助，得到他人帮助之后，你必须表示一下感谢，这是做人的基本素质。

1. 及时、主动、真诚

尽管许多人帮助他人，并不指望着得到回报，但对于受帮助的人来说，一定要及时而主动地表示真诚的感谢。及时，是从时间上说的，一旦被帮助的事情有了结局后，要马上表示感谢，不能慢吞吞地一拖再拖；主动，是从态度上说的，要找上门去，到对方单位或家里去，不要在对方上你家或在路上偶然遇见时，才忽然想起要感谢一下，才临时准备。及时主动，说明你对他人的帮助是非常重视的，说明你十分尊重他人的帮助，也说明你是一个性格爽直、懂得人情的人,它有助于进一步加深彼此的感情。

2. 诚实、守信

有时,为了能尽快解除自己的麻烦或困难,有些人通过新闻媒介或其他形式公开寻求帮助,并许下诺言,一旦帮助成功,给予一定数量的酬谢。这也不失为一种行之有效的方法。但一定要恪守诺言,决不能说话不算数。不管对方付出的劳动如何,不管对方是出于何种动机,只要确实给你提供了帮助,就应该不折不扣地兑现。有些人见对方品格高尚,决意不要酬谢,就暗自高兴,把原先许下的诺言心安理得地咽下了;有些人见对方完全是冲着酬谢来的,不但不给答应的酬谢,反而指责其动机不纯,没有乐于助人的品德。这两者都是错误的。对品德高尚的帮助者,即使他坚决不要,也可以改变方式,通过其他途径表示感谢;对完全是为酬谢而来的帮助者,其动机固然难说可贵,但如果被帮助者因此而违诺,不肯承担自己应该承担的责任,就更应该受到严厉的指责。

3. 选择恰当的途径和方法

感谢他人的途径和方法是多种多样的,除了物质上的表示外,还可以通过其他形式。要根据帮助者的身份、职业、性格、文化程度及经济状况等具体情况来选择最恰当的形式,不要以为送值钱的东西就是真诚的感谢,也不要以为无限的夸奖就是感谢。有时,你送对方一笔钱表示感谢,对方会很不高兴,甚至认为是对他的侮辱;有时,表示感谢的方式也许是你自己努力学习和工作;有时,最好的方式也许是广为宣传。因此,感谢别人,不能一概而论,要因人而异。

4. 要掌握好感谢的度

和做其他事情一样,感谢别人也要掌握分寸,力求适度,过分和不足都有所不妥。过分,或许会让人难以接受,甚至产生怀疑;不足,又会让人觉得不尊重对方的劳动。合理适度,可根据这两方面来决定:一是对方付出的劳动的多少,二是对方的帮助给自己带来的益处(经济的、情感的、名誉的、身体的等),要综合这两个方面,再决定感谢的分量。光从别人付出的劳动或光从给自己带来的益处一方面来决定都可能导致失度。因为这两者之间往往不相协调,有的帮助者付出的劳动很小而给被帮助者带来的益处很大,有的也许正相反。

5. 表示谢意是一种感情行为,不能一次性处理

帮助与感谢是一种感情的交流行为,它不同于一般的货款交易。感情是一种值得反复品味的耐久的特殊事物,不能用一手交货一手交钱的那种纯商业手段处理。对方帮助你,这本身就是一种情的表现,对情的回报,除了物质上的必要馈赠之外,最好还应该用同样的情来报答。这样,才能体现出人与人之间的温暖,才能建立更加密切的人际关系。不要以为他帮助了我,我已经酬谢过他了,从此咱们两清了,毫不相干了。假如这样,未免太缺少人情味了。因此,对有些人的帮助,如有必要和可能,可保持长久的联系,让人情之桥永远畅通。

对他人给予自己的关心、照顾、支持、喜欢、帮助表示必要的感谢,不仅是成功人士

应当具备的修养,而且也是对对方为自己而"付出"的最直接的肯定。这种做法,不是虚情假意、可有可无的,而是必需的。

6. 表示感谢要注意细节

受到他人夸奖的时候,应当说"谢谢"。这既是礼貌,也是一种自信。旁人称道自己的衣服很漂亮、英语讲得很流利时,说声"谢谢"最是得体。反之,要是答以"瞎说""不怎么地""哪里、哪里""谁说的""少来这一套",便相形见绌多了。获赠礼品与受到款待时,别忘了郑重其事地道谢。这句短语是肯定,也是鼓舞,是对对方最高的评价。得到领导、同事、朋友明里暗里的关照后,一定要去当面说一声"谢谢"。在公共场合,得到了陌生人的帮助,也应该当即致以谢意。

在具体操作中,感谢他人有一些常规可以遵循。在方式方法上,有口头道谢、书面道谢、托人道谢、打电话道谢之分。一般来说,当面口头道谢效果最佳。专门写信道谢,如在获赠礼品、赴宴后这样做,也有很好的效果。打电话道谢时效性强一些,且不易受干扰。托人道谢效果就差一些了。感谢他人还有场合方面的考虑。有些应酬性的感谢可当众表达,不过要显示认真而庄重的话,最好"专程而来",应于他人不在场之际表达此意。

7. 真诚地说一声"谢谢"的要点

表示感谢时,通常应当加上被感谢者的称呼。例如:"马小姐,我专门来跟您说一声'谢谢'""许总,多谢了"。越是这样,越是显得正式。

表示感谢,有时还有必要顺便提一下致谢的理由。例如:"易先生,谢谢上次您在制作广告方面的帮助",免得对方感到空洞或"茫茫然不知所措"。

表示感谢,最重要的莫过于要真心实意。为使被感谢者体验到这一点,务必要做到认真、诚恳、大方。话要说清楚,要直截了当,不要连一个"谢"字都讲得含混不清。表情要加以配合:要正视对方双目,面带微笑。必要时,还须专门与对方握手致意。

表示感谢时,所谢的若是一个人,自然宜予以突出。所谢的若是多人,可统而言之"谢谢大家",也可一一具体到个人,逐个致谢。

(七) 道歉的礼仪

人孰能无过,所以我们人人都应该学会道歉。衷心道歉不但可以弥补破裂了的关系,而且还可以增进感情。道歉须注意以下几点:

1. 如果你觉得道歉的话说不出口,可以用别的方式来代替

一束鲜花可使前嫌冰释;把一件小礼物放在对方的餐桌上或枕头下,可以表明悔意;大家不交谈,触摸也可传情达意,这就是所谓的"此时无声胜有声"。

2. 切记道歉并非耻辱,而是真挚和诚恳的表现

大人物也道歉,廉颇起初对蔺相如感到不满,但后来他意识到自己的错误,感到愧疚,负荆请罪。两人最终化解了误会,成为了挚友。

3. 应该道歉的时候,就马上道歉,越耽搁越难启齿,有时甚至追悔莫及

需要道歉时,应在第一时间致歉,耽搁的时间越久,你会发现越难以启齿,有时甚至

会遗憾终生、追悔莫及。

4. 你如果没有错，就不要为了息事宁人而认错

这种做法，对任何人都没好处。同时你要分清深感遗憾和必须道歉这两者的区别，有些事你可以表示遗憾，但不必道歉。

5. 用书面道歉

有时光嘴里说"对不起"是不够的。写在纸上比嘴里说的更有分量。你可以给对方写一封道歉的信，表达你由衷的歉意。

6. 给对方发泄心中不快的机会

让对方将心中的怒气发泄出来，是挽回友谊的好办法。否则不满淤积在胸中，数年不散，你与对方将永远难修旧好。

7. 夸大自己的过错

你越是夸大自己的过错，对方越不得不原谅你。

8. 采取补偿的具体行动

给对方送点小礼物、请对方一起吃饭等都不失为好办法。具体行动更能表现出你的诚意。

9. 赞美对方心怀宽大

大多数人受到赞美后，都会不自觉地按赞美的话去做。

（八）摆脱尴尬的应对礼仪

生活中经常会出现一些让人尴尬的局面，这种情况相信每个人都会碰到。当你遇到尴尬的时候，你应该如何巧妙应对呢？

1. 可以脸红，但是不能心慌

镇定，再镇定。当尴尬突然出现的时候，瞬间的脸红虽然在所难免，但绝对不能心里慌乱。那样既无补于事，又容易让别人觉得懦弱。

2. 不要轻易辩解

不要轻易辩解，越早承认过失也就越容易被人谅解。

3. 勇于自我解嘲

既然尴尬的局面已经不可避免，就应当拿出足够的勇气来面对现实，甚至直接向尴尬挑战。

4. 随机应变，将尴尬转化为机会

善于随机应变地处理情况不仅可以使尴尬不再那么难堪，而且提供了不可多得的自我表现的机会。这里举个例子。李君一直是公司里默默无闻的一员，在一次向新人介绍公司领导时，他误将公司总经理的名字读错，当时现场安静异常，总经理面露不悦。他觉察后立即转而介绍自己，说完后又补充道："我们公司的领导从来没有架子，但在这个公司，除了领导的名字什么都不许错。"紧张的场面一下松弛下来。

5. 装傻充愣，置有形的窘境于无形的无知之中

这是厚脸皮的万用灵方。它可以轻而易举地将尴尬施加的影响摒弃出去。谁都知

1

道傻子总被人们嘲笑，但从未有尴尬时刻，因为傻子做傻事没什么新鲜的，他自己也不在乎。虽然我们不是真的要当傻子，可是在特殊时刻采用一些特殊方法来脱危解困又有什么不好呢？

6. 迅速撤离现场

惹不起躲得起，三十六计走为上。如果你的确没有勇气和能力应付，尴尬出现时你的最佳选择就是迅速撤离现场，越快越好。对那些天生胆小怕事但是异常敏感的人来说，提前预见尴尬发生的可能性或是当尴尬的事态稍有苗头时就赶快离开，实在是妙不可言的高招。再大的掌力如果没有受力的脸也不过就是一阵风罢了。

7. 将计就计，化不利为有利

利与不利从来就是相对而言，只要找到关键点，化不利为有利并非没有可能。对一个刚刚工作的女秘书来说，还有什么比上班后的第一批信件中就有两封寄错了地址更令人尴尬呢？然而，24 岁的刘小姐在知悉情况后马上打电话向客户致歉，并且在客户拒绝后连续打了一天的电话，最后终于感动了对方。这两位客户也通过此事了解了她认真的工作态度，以后与该公司的业务也总是通过她来联系。

8. 转移尴尬

医学上有所谓的移痛法，当一种难以征服的痛苦被另一种较易征服的痛苦替代时，前一种痛苦往往在后一种痛苦的作用下逐步失去原来的痛感，这种方法同样运用于尴尬时刻的自我调节。当然，转移尴尬还有另一种形式，就是将尴尬转移到旁观者的身上，不过必须注意一点，你所转移的尴尬应该是善意地制造玩笑的契机。

9. 故作心理脆弱

人们普遍同情弱者，在尴尬出现的时刻你应当立即做出过激的反应，可以是懊悔不已，可以是痛苦万状。总之，你一定要让别人看起来心理异常脆弱，仿佛刚才的事情已经过度地伤害到了你的自尊心。一般情况下，人们在看到你的"惨状"后肯定不会再对你穷追猛打，尴尬也就不了了之。

10. 予以强烈反击

这是应付尴尬时最应谨慎的方法。首先要考虑对象的身份，其次是环境，再次是反击的力度把握。因为尴尬本身并不是大得惊人的问题，充其量是一个过失，所以在决定予以反击之前一定要搞明白自己反击的目的何在。假如反击的结果是解脱了自己而伤害了别人，那最好放弃；假如反击的结果是皆大欢喜那么不妨一试。这类结果直接体现着当事人对另一方人的了解和反击的力度的精确把握。宗旨只有一条：利己也不损人。

（九）告别的礼仪

在分别时常用告别语以示礼貌。最常用的告别语有以下几种类型：

1. 主客之间的告别语

客人向主人告别时，常伴以"请回""请留步"等语言，主人则以"慢走""恕不相送"等语回应。如果客人是远行，可说"祝你一路顺风""一路平安""代问××好"等告别语。

2. 熟人之间的告别语

如果两家距离较近，可说"有空再来""有时间来坐坐""有空来喝茶"等，也可说"代问家人好"以示礼貌。

3. "再见"

"再见"适用于大部分场合的告别，类似的还有"Byebye""晚安"等。

（十）用餐的礼仪

个人用餐的表现就像自然反应，只要能多练习，养成良好的习惯，那么到任何高级的餐厅用餐也不用提示了。

1. 吃西餐十大基本礼仪

（1）刀叉。不要手握刀叉在空中飞来舞去用以强调说话的某一点，也不要将刀叉的一头搭在盘子上，一头放在餐桌上。刀叉一旦拿起使用，就不能再放回原处。刀子放在盘子上时，刀刃朝里，头在盘子里，刀把放在盘子边缘上。

（2）餐巾。不要拿餐巾用力擦脸的下部，要轻轻地沾擦。不要抖开餐巾再折叠，不要在空中像挥动旗子那样挥动餐巾。餐巾应放在大腿上，如果离开餐桌，要将餐巾放在椅子上，并把椅子推进餐桌，注意动作要轻。用餐结束时不要折叠餐巾；否则，不了解情况的服务生可能会再给别的客人使用。用餐结束时要将餐巾从中间拿起，轻轻地放在餐桌上盘子的左侧。

（3）咀嚼。嚼东西时嘴要闭紧，无论你有什么惊人的妙语，时机多么恰到好处，只要嘴里有食物，绝不能开口说话。不能为了着急说话而马上将食物吞下，要保持细嚼慢咽的姿势，将食物咽下后会意地露出笑容，以传达你内心的活动——刚才完全可以有妙语出口，只是口中有食物。

（4）坐姿。坐立要直，不要将胳膊肘支在餐桌上。如果手放在什么位置都不自在，就放在大腿上。

（5）面包。面包上抹黄油尤其要注意，将面包掰成可以一口吃下的小块，吃前在小块上抹黄油，不要图方便将整个面包上都抹上黄油。

（6）速度。切忌速度过快，大口吞咽食物不仅有害健康，而且也不雅观，尤其是和他人共同进餐时，这么做会显得失礼。共同进餐时大家的量应该一样，并保持同时开始同时结束的速度，别人都开始品味甜食了而你还在喝汤是不可取的。

（7）剔牙。如果塞了牙，切忌在餐桌上剔牙，如果的确忍受不住，找个借口去洗手间。

（8）口红。将口红留在餐具上是不可取的，工作用餐尤其如此。如果没有随身携带纸手帕，进酒店时可以顺便到洗手间去一趟，或到吧台去取张餐巾纸。

（9）吸烟。即使在吸烟区用餐，用餐期间吸烟也不可取，吸烟会影响他人的食欲，而且和整个气氛也不和谐。

（10）物品。女用手提包及男用手提箱这类东西不要放在餐桌上，钥匙、帽子、手套、眼镜、眼镜盒等物品都不要放在餐桌上。总之，凡是和用餐无关的东西都不能放在餐桌上。

2. 餐巾使用方法

餐巾又被称为"口布"，在入席之前，每位客人的面前都会有一条餐巾备用，其目的是避免进食时弄脏衣服。此外，用餐完毕后还可以用它来擦手上、嘴上的油渍。现在也很通行使用餐巾纸，餐巾纸是餐巾的一种简单的代用品。

下面我们详细介绍一下餐巾的使用方法。

（1）主人拿起餐巾表示准备进餐。当宴会开始的时候，主人拿起餐巾，这是一种信号，表示准备进餐了，客人看到主人已先拿起餐巾后，才能随后拿起。

（2）餐巾要放在腿上。家庭日常进餐时，通常是将餐巾塞在领口，这么做在正式的宴会上就不允许了。在参加宴会时必须把餐巾铺在大腿上。较大的餐巾一般都只打开一半，对折后摊开使用。

从餐桌上拿起餐巾，先对折，再将折线朝向自己，摊在腿上。绝不能把餐巾抖开，如围兜般围在领子上，或塞在领口。把餐巾的一角塞进扣眼或腰带里，也是错误的方法。假如衣服的质地较滑，餐巾容易滑落，此时应该以较不醒目的方法，将餐巾的一角塞进腰带里，或左右两端塞在大腿下。

（3）餐巾是用来擦拭嘴巴的。餐巾当然是为了预防调味汁滴落，弄脏衣物。但是，最主要的还是用来擦拭嘴巴。吃了油腻的食物后满嘴油渍，若以这副尊容与人说话，委实不雅。况且喝酒时还会把油渍留在玻璃杯上，更是难看。至于口红也是同样要用餐巾略微擦一擦，避免唇印沾在酒杯上。也可以用餐巾擦手或擦嘴角。用餐巾擦嘴时，用手指轻揩，而不要团成一团或者用力抹擦，更不要用它擦脸、擦桌子。

（4）餐巾用毕无须折叠整齐。用餐完毕要站起来，首先将腿上的餐巾拿起，随意叠好，再把餐巾放在餐桌的左侧，然后起身离座。如果站起来后才甩动或折叠餐巾，就不合乎礼节了。餐巾用完后无须折叠得太过整齐，但也不能随便搓成一团。如有主宾或长辈在座，一定要等他们拿起餐巾折叠时才能跟着折叠。

（5）中途暂时离席时，须让餐巾从餐桌上垂下一角。宴席中最好避免中途离席。非得暂时离席时，可以把餐巾叠好放在椅子上，因为餐巾摆放在桌上容易被误会已经离席，主人和招待员就不能再为你上菜了。记住，也不应该把餐巾随意地揉成一团，然后顺手装进腰包或是衣服口袋中，那也是失礼的。其实，最理想的方式是用盘子或刀子压住餐巾的一角，让它从桌沿垂下，脏的那一面朝内侧才雅观。

（6）不要用餐巾擦自己要用的餐具。我们一般为了卫生的需要，在外面吃饭时，饭前都会用餐巾或餐巾纸将自己要用的餐具擦一遍。但是，在高档餐馆的餐桌上，只要你一用餐巾擦拭自己的盘杯刀叉或者将之当抹布来抹桌子，那么，就表示你对服务人员的卫生服务不信任。

3. 其他礼仪细节

用餐时要注意以下的礼仪小细节：进入餐厅不应将手插在衣裤兜里；女士的手提袋不要放在餐桌上；就餐时，不要站起来取菜；餐桌上讲话要轻，尽量少用手势，以免碰撞到其他客人或碰撞到餐具用具；嘴里有食物时尽量不要说话，待食物咽下之后再说，以免将食物喷出影响他人进食；不要张开嘴大嚼，以免别人看见满嘴的食物；喝茶、饮酒或吃面条、汤、粥类食品时，都不应发出声音；自助餐会上一般应按顺时针方向取食，一次取食物不可多，宁可多取几次，吃不完剩在盘子里是最不礼貌的。

（十一）敬酒的礼仪

敬酒也就是祝酒。日常生活，商务交往，总免不了会喝点酒，所以敬酒的礼仪也很有必要掌握，以免在酒桌上贻笑大方。下面给大家介绍一下敬酒的礼仪要点。

在正式宴会上，由男主人向来宾提议，提出某个事由而饮酒。在饮酒时，通常要讲一些祝愿、祝福类的话，甚至主人和主宾还要发表一篇专门的祝酒词。祝酒词内容越短越好。

敬酒可以随时在饮酒的过程中进行。要是致正式祝酒词，就应在特定的时间进行，并不能因此影响来宾的用餐。祝酒词适合在宾主入座后、用餐前开始，也可以在吃过主菜后、甜品上桌前进行。

在饮酒特别是祝酒、敬酒时进行干杯，需要有人率先提议，可以是主人、主宾，也可以是在场的人。提议干杯时，应起身站立，右手端起酒杯，或者用右手拿起酒杯后，再以左手托扶杯底，面带微笑，目视其他人特别是自己的祝酒对象，同时说祝福的话。

有人提议干杯后，要手拿酒杯起身站立。即使是滴酒不沾，也要拿起杯子。将酒杯举到眼睛高度，说完"干杯"后，将酒一饮而尽或喝适量。然后，还要手拿酒杯与提议者对视一下，这个过程就算结束。

在中餐里，干杯前，可以象征性地和对方碰一下酒杯；碰杯的时候，应该让自己的酒杯低于对方的酒杯，表示你对对方的尊敬。当你离对方比较远时，用酒杯杯底轻碰桌面，也可以表示和对方碰杯。如果主人亲自敬酒干杯后，应要求回敬主人，和他再干一杯。

一般情况下，敬酒应以年龄大小、职位高低、宾主身份为先后顺序，一定要充分考虑好敬酒的顺序，分明主次。即使和不熟悉的人在一起喝酒，也要先打听一下身份或是留意别人对他的称号，避免出现尴尬或伤感情。如果在场有更高身份或年长的人，要先给尊长者敬酒，不然会使大家很难为情。

如果因为生活习惯或健康等原因不适合饮酒，也可以委托亲友、部下、晚辈代喝或者以饮料、茶水代替。作为敬酒人，应充分体谅对方，在对方请人代酒或用饮料代替时，不要非让对方喝酒不可，也不应该好奇地"打破砂锅问到底"。要知道，别人没主动说明原因就表示对方认为这是他的隐私。

在西餐里，祝酒干杯只用香槟酒，并且不能越过身边的人而和其他人祝酒干杯。

（十二）敬茶的礼仪

俗话说：酒满茶半。茶不要太满，以八分满为宜。水温不宜太烫，以免客人不小心被烫伤。同时有两位以上的访客时，端出的茶色要均匀，并要配合茶盘端出，左手捧着

1

茶盘底部右手扶着茶盘的边缘,如是点心放在客人的右前方,茶杯应摆在点心右边。上茶时应向在座的人说声"对不起",再以右手端茶,从客人的右方奉上,面带微笑,眼睛注视对方并说:"这是您的茶,请慢用!"敬茶时应依职位的高低顺序先端给职位高的客人,再依职位高低端给自己公司的同仁。也可按照年龄大小或女士优先顺序敬茶。以红茶待客时,杯耳和茶匙的握柄要朝着客人的右边,此外要替每位客人准备一包砂糖或奶精,将其放在杯子旁(碟子上),方便客人自行取用。喝茶的客人也要以礼还礼,双手接过,点头致谢。品茶时,讲究小口品饮,一苦二甘三回味,其妙趣在于可意会而不可言传。另外,可适当称赞主人茶好。壶中茶叶可反复浸泡三至四次,客人杯中茶饮尽,主人可为其续茶,客人散去后,方可收茶。敬茶前应先请教客人的喜好,如有点心招待,应先将点心端出,再敬茶。

项目二　仪 容 礼 仪

仪容礼仪

◇ **学习目标**

　　熟练掌握职业化妆技巧,并区分职业妆面与休闲妆面。

◆ **案例导入**

案例　浓妆淡抹总相宜

　　王芳,某高校文秘专业高材生,毕业后就职于一家公司做文员。为适应工作需要,上班时,她毅然放弃了"清纯少女妆",化起了整洁、漂亮、端庄的"白领丽人妆":不脱色粉底液,修饰自然、稍带棱角的眉毛,与服装色系搭配的灰度高偏浅色的眼影,紧贴上睫毛根部描画的灰棕色眼线,黑色自然型睫毛,再加上自然的唇型和略显浓艳的唇色,虽化了妆,却好似没有化妆,整个妆容清爽自然,尽显自信、成熟、干练的气质。

　　但在公休日,她又给自己来了一个大变脸,化起了久违的"青春少女妆":粉蓝或粉绿、粉红、粉黄、粉白等颜色的眼影,彩色系列的睫毛膏和眼线,粉红或粉橘的腮红,自然系的唇彩或唇油,看上去娇嫩欲滴,鲜亮淡雅,整个身心都倍感轻松。

　　心情好,自然工作效率就高。一年来,王芳以自己得体的外在形象、勤奋的工作态度和骄人的业绩,赢得了公司同仁的好评。

　　评析:案例中的女主人公王芳很会搭配自己,让自己的工作和生活都丰富多彩起来,而不是一成不变的。作为白领丽人,干练、简单、大方、成熟、知性是工作中必不可少的。如果用"青春少女妆"的话就会显得整个人很轻浮,很单纯,完全少了女性的端庄。但节假日是个放松的时刻,不需要把自己的工作带进休息中,这时"白领丽人妆"就略显古板了,没有一点青春活力。而且"青春少女妆"给人一种朝气蓬勃的感觉,而且使人整个身心都从一周几张的工作中放松下来,以便下周更好地投入工作。

◆ 任务实训

任务 个人仪容修饰设计

个人仪容修饰设计的实训安排如表 1-2-1 所示。个人仪容修饰设计考核评分如表 1-2-2 所示。

表 1-2-1 个人仪容修饰设计实训安排

要　素	内　容
实训项目	个人仪容修饰设计
实训时间	2 课时
实训目的	掌握皮肤的基础护理步骤。能根据接待工作的性质,正确修饰自己的仪容,体现职业修养
实训要求	掌握面部日常清洁(洁肤、爽肤、润肤)等护肤手法,了解周期护肤、深层清洁、按摩、补充营养等基本手法。使学生掌握职业妆和生活日妆的整体造型和脸部修饰及发型选择,并能在规定时间内化好职业妆
实训方法	通过视频教学的观看,结合老师的要点讲解,让学生获得对化妆基本要点的初步认识。接着由老师示范,同学自己动手实际练习,努力使每位同学都能掌握基本的仪容礼仪
实训准备	物品准备—— 护肤品:洁面奶、爽肤水、润肤乳(霜) 化妆品:粉底、眉笔、眼线笔、睫毛膏、鼻影、腮红、口红 化妆工具:海绵块、粉扑、修眉刀、化妆刷等 场地准备——旅游实训楼形象塑造实训室
实训流程	1. 日常护肤:洁、爽、润肤的操作 2. 定期的护理:深层洁肤、按摩、营养补充等护肤方法的运用 3. 日常职业妆的化妆技巧 (1) 按规范将头发梳理好、修剪好眉毛; (2) 打底-画眉-勾眼线-上腮红-定妆-涂口红
实训操作标准	1. 正确使用护肤品及护肤过程和手法 2. 正确使用化妆品和化妆工具,化妆步骤和手法正确,妆面效果大方自然,符合职业要求
基本要求	能在规定时间内完成,妆面自然、大方,得体,符合职业要求

表 1-2-2 个人仪容修饰设计考核评分表

考核内容	考 核 标 准	满分	实际得分
日常护肤	能正确选择护肤品并正确操作护肤过程	30	
定期护理	准确操作按摩手法	30	
职业化妆操作	能在规定时间内完成 妆面自然、大方、得体,符合职业要求	40	
总　分		100	

◆ 相关知识

英国哲学家洛克说：礼仪是在他的一切别种美德之上加上一层藻饰，使它们对他具有效用，去为他获得一切和他接近的人的尊重与好感。

俗话说"爱美之心人皆有之，不会爱美怎能创造出美？"每个人都有爱美的权利，有些人甚至不惜花重金去美容、整形，目的都是想在人前展现出最得体、最漂亮的一面。

一、什么是仪容

仪容从广义上说，主要指的是人的容貌特征，它包括发型、五官、脸型、肤色四大要素。也就是说，一个人的仪容美要求发型适当且适合脸型、五官端正以及具有健康均匀的肤色。社会交往中，对个人仪容的首要要求就是仪容美。每个人的仪容都是天生的、父母给予的，长相如何并非至关重要，但为了维护好自身形象，建立和谐的视觉审美，有必要对仪容进行适当的修饰以发挥优势、弥补劣势。因为在与他人的接触交往中，仪容最容易引起交往对象的特别关注，并会影响到对方对自己的整体评价。所以，我们应该认识到仪容修饰对自身所起到的重要作用，并加以重视。

心理学上有种现象叫做"第一印象"，所指的是人们初次见面时喜欢"先入为主"。日常生活中初次接触某人、某物、某事时所产生的即刻的印象，通常会在对该人、该物、该事的认知方面发挥明显的甚至是举足轻重的作用，而这种即刻的印象首先来自于交往对象的仪容。对于人际交往而言，这种认知往往直接制约着交往双方的关系。如果交际双方之间的第一印象好，那么在以后的交往过程中，双方会很容易得到认同和接受。即使后来对于对方的认识与初次见面时存在一定的差异，人们通常也会服从于第一印象。

二、仪容修饰原则

各行各业中对员工的形象要求各有千秋，正所谓"干一行，像一行"。而旅游服务企业是服务于人的企业，对于员工的仪容要求自然比较严格，必须做到整洁、美观、简约、端庄、协调。

（一）整洁

整洁是仪容修饰的首要原则。服务过程中，每一名服务人员都应该时刻注意到自身的卫生状况，力求做到干净、卫生、整洁、大方，这有利于服务过程的顺利进行及拉近主客之间的距离。倘若连最基本的整洁原则都无法遵守，很难想象如何搞好服务工作。

（二）美观

美丽的外貌总是给人赏心悦目的感觉，自然很多人都向往。但并非所有的人都能拥有美丽容颜,天生丽质的人毕竟少数,我们可以通过化妆来达到完善仪容的目的。可惜现实中不乏由于化妆不得体而引起他人的批评与误会的情况,比如底妆不均匀,使得整个面部的肤色呈现出一个个色块,缺乏美感;再比如有些人一味追求面部肤色的白皙,选用与自身肤色存在明显差异的粉底,看上去面部与颈部相差甚远,就像是顶着一副白白的面具出门,实不雅观,美丽就更加无从谈起了。因此,不要片面地理解美丽就是使用化妆用品,还必须客观地认识自身的优缺点,结合五官特征与脸型特点来综合考虑如何进行修饰。

(三) 简约

这一点尤其适用于旅游服务人员日常的接待工作,就是要求工作人员在整理、修饰仪容时力求简练、明快、朴素、实用。虽经刻意雕琢,但却不露痕迹。

应努力完善自身的审美能力,把简单大方视为大众审美的统一。工作中,统一规范员工的发型、妆容,使宾客体会到一种落落大方的职业气息。

(四) 端庄

旅游业是服务行业,是对他人的服务。在提供服务的过程中,倘若服务者仪容端庄,宾客的受尊重的感受便会油然而生;反之,如果服务者打扮得比宾客还要华丽,尤其是女宾客,那么服务的发出者与接受者则有本末倒置的嫌疑。所以旅游企业会有非常细致的仪容修饰规定来要求服务人员,比如上班期间不得佩戴有坠耳环及闪光的珠宝,前额刘海不得有碍视线等,这无不体现出仪容端庄的重要性。

(五) 协调

仪容修饰要讲究与环境、与整体、与局部的协调感。

与环境的协调则须符合"TPO"原则——时间(time)、地点(place)、场合(occasion),即要求人们的发型、妆容符合所处场合的气氛。比如日常工作中,略施淡妆,发髻盘起,体现出端庄典雅的气质;若是参加一些聚会、晚宴之类的,则可以浓妆出入,体现出一定的人际吸引魅力。

与整体的协调感即要求发型(包括发色)、妆面要与服饰相协调,比如职业装配淡妆,礼服配浓妆等。仪容修饰不可一成不变,必须从整体的角度出发,营造出整体的风采。

与局部的协调则要求化妆须结合脸部个性特征,如小眼睛配细眉、浓眉配大眼,同时还应注意色彩的搭配、浓淡的协调等。

三、面部修饰

面部修饰是仪容修饰中最为关键的一部分,由于面部处于身体的制高点,对于整体形象的影响显而易见。面部要求男女有别,所以有必要针对不同性别来阐述对面部修饰的要求。

（一）男员工面部修饰

1. 基础保养

男性皮肤与女性皮肤从生理结构看基本上是一致的,但是男性毛孔普遍显得比女性粗大是为什么呢? 主要是因为男性的皮脂腺分布较多导致皮脂分泌旺盛,毛孔自然就显得比女性粗大,皮肤看起来也比较粗糙。由于皮脂分泌较多,男性皮肤容易产生黑头、痤疮、毛囊炎等,应当注意保持皮肤清洁。否则容易给人留下一种邋遢、不整洁的印象。目前市场上有许多适用于男性的化妆保养品,应针对不同皮肤质挑选适合自己的洗护产品。男性可经常使用滋养性日霜,如果由于工作的关系需要熬夜,不妨使用护肤晚霜,可保持饱满的精神状态,避免出现萎靡不振,无精打采。

2. 日常修饰

男性除了将肌肤保养做好之外无须再做过多的修饰,但在社交场合中胡子拉碴地去面见其他人是非常失礼的。因此男性有必要每天修剪面部胡须,切不可有意蓄留八字胡、两撇胡和山羊胡等,以免给人留下慵懒的感觉。刮胡子可使用专用啫喱,它可软化皮肤、促使伤口愈合并达到滋养的效果,同时预防刮完胡子后的紧绷感和灼烧感,对于敏感性皮肤还需要选择含有芦荟等成分的刮胡啫喱。刮完胡子后,可根据个人肤质选择不同的润肤乳,如干性皮肤可选择保湿型润肤乳、油性皮肤可选择清爽型润肤乳,切不可使用含油量过高的产品而导致刺激皮肤生出痤疮。此外,鼻腔内应没有其他异物,流着鼻涕及鼻毛的外现都是不雅的表现。

（二）女员工面部修饰

1. 基础保养

基础护肤中,洁面是最基础,也是最重要的一步。日常洁面时最好选用温水,这样有助于温和清洁。洗脸时双手以打圈方式按摩脸部,洁面时间不宜过长,以 2～3 分钟为佳,以减少界面活性剂对较敏感肌肤的刺激,洁面的同时达到护肤的效果。要选对适合自身的护肤品首先应搞清楚自己到底属于哪种肤质。女性肤质大致分为偏干、中性、偏油及混合型四种。干性皮肤最明显的特征是皮脂分泌少,毛孔细小而不明显,皮肤干燥,秋冬季节易起皮屑,并容易产生细小皱纹,对外界刺激比较敏感,皮肤易生红斑,其 pH 值约为 4.5～5 之间。因此干性皮肤的人一定不能选择含碱性强的洗面奶及护肤品,否则会使原本就干燥的皮肤更加"雪上加霜",而应该注重保湿,保证皮肤有充足的水分。而油性皮肤则相反,此类皮肤不易产生小细纹,较晚显老,但由于油脂分泌过于旺盛,常伴有痘痘、面疱、毛囊炎的烦恼,因此建议使用泡沫型等清洁力度较强的洗面奶,并坚持用温水洗脸,或者可以将白醋滴上几滴到温水中洗脸,这样做可以减轻毛孔堵塞,并能够有效清除多余油脂及污垢,使皮肤光洁清爽。不可为了洗去油脂和污垢而大力地搓洗面部,这样做会加速面部的血液循环反而促进痘痘的生长。洁面之后仍要使用化妆水和清爽型乳液以达到保湿的效果,此时,不要将水分与油分混淆,再油的肌肤都要进行保湿工作,不要误解为油已经够多了,无须再补水。对于混合性肌肤的保养则要参考干性肌肤和油性肌肤的保养,因为它融合了干性与油性皮肤的特征,主要在 T 区呈油性而 U 区呈干性的状态,有时也有相反的。还有一些需要特别指出的是:泡沫越多的洗面奶保湿度越差,这类洗面奶虽然清洁能力强,但也易使皮肤表层水脂膜受到影响,长时间使用会影响到皮肤正常的保湿功能。另外,具有美白、去角质等功效的洗面奶中添加有一定浓度的果酸,有一定的刺激性,皮肤敏感的人要慎用。

此外,除了注意选对保养用品之外,还要注意:①养成良好的生活习惯,做到生活起居规律化,每天保证充足的睡眠;②白天多喝水,少吃辛辣刺激性的食物,合理安排饮食,多吃含有丰富维生素及微量元素的水果和蔬菜;③保持乐观积极的心态,永远想办法让自己微笑,使自己高兴。

2. 日常修饰

女性日常的修饰主要依靠化妆技术。女性在日常工作中化上淡妆是对他人的礼貌,职业妆要求清新淡雅,给人感觉干净、干练,其化法主要从以下几个方面着手:

(1)修剪眉毛。眉毛的修剪应结合脸型结构及五官特征,具体做法如图 1-2-1 所示,用一支铅笔垂直在眼内角与鼻翼之间,笔尖所指处,即为眉毛的正确起点,并标下记号 A。把铅笔以垂直移至鼻翼与眼眶外沿所形成的斜直线,笔尖指向眉毛上的点,定为眉拱所在 B。将铅笔移向眉骨末端鼻翼与外眼角的连线上,铅笔落在眉骨上的点,就是眉尾的位置所在 C。以此眉型为基础,将眼周的杂毛拔掉,过长的眉毛需要使用修眉剪将其修剪平整。

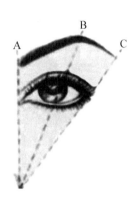

图 1-2-1 眉毛修剪位置示意图

(2)打底。工作中为了维护好自己的形象,要求每天"精妆"示人,长此以往,会造成肌肤晦暗、失去光泽,所以有必要在打底之前使用隔离霜,以起到保护化妆、调整肤色和保护皮肤的作用。目前市面上有很多种不同颜色、不同类型的隔离霜,该怎样选择呢?这就需要明确不同颜色的隔离霜分别有哪些针对性的功效,比如绿色系隔离霜可以淡化肌肤的泛红,因为从色彩学的角度来讲,绿色与红色是对比色,可以相互中和。有些女性皮肤容易泛红的、有粉刺痕迹的、皮肤较薄而使血管显露和肤色不均者都可以利用绿色的隔离霜来得以改善。相应地,紫色是黄色的对比色,因此可以利用紫色隔离霜来弥补肌肤的晦暗发黄,提高肌肤透明感。乳粉色系的隔离霜则可以改善脸部的血色,使人看起来气色更好,肤色更加明亮。使用时如图 1-2-2 所示,取适量点在面部两颊、额部、鼻子、下巴及脖颈等处,仔细涂抹。

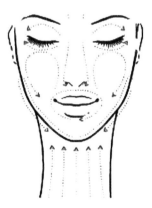

图 1-2-2 面颈部"打底"示意图

粉底具有很好的打底和保湿作用,常用的粉底形式有粉底液、粉底霜及粉饼。使用粉底液可以借助海绵块,将海绵浸入水中,取出挤干其中的水分,再挤出适量粉底液于海绵块上,这样做是为了防止海绵吸入过多的粉底液,由上至下均匀涂抹,发迹处小心涂抹,眼部多涂抹一次,可起到遮盖的作用。再使用粉底霜重度遮瑕,少量使用即可达到遮瑕效果。粉饼可以当做粉底单独使用,也可在粉底液(霜)的基础上使用,有很好的定妆效果,使用时由上至下。

(3)修饰脸型。目前国际上公认的标准脸型为鹅蛋形,要求符合"三庭五眼"。如图 1-2-3 所示,即从发际线到眉间连线,眉间到鼻翼下缘,鼻翼下缘到下巴尖,上中下恰好各占三分之一,谓之"三庭"。而"五眼"是指眼角外侧到同侧发际边缘,刚好一个眼睛的长度,两个眼睛之间也是一个眼睛的长度,另一侧到发际边是一个眼睛长度。而常见的脸型却不是都能符合这样的标准,如圆脸、长脸、方脸、三角脸及梨形脸等,因此有必要利用修容粉对其修饰,以达到理想的效果。

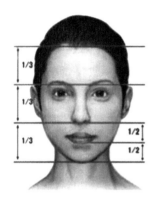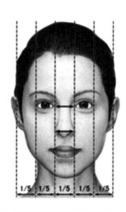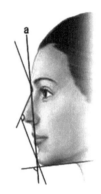

图 1-2-3 "三庭五眼"示意图

(4)描眉。描眉时手法要放松,若描画得过重,可使用眉刷轻轻刷一下,使眉毛看上去更加自然。倘若眉毛本身就比较浓,则调整好眉形,稍加梳理便可,无须再描画。此外,东方人的肤色偏浅,宜选择深棕色的眉笔或眉粉为好。

(5)勾眼线。描绘眼线可选择眼线笔、眼线液或眼线膏,一定不要让眼线晕妆,这样会使人觉得不够整洁,所以一定要选择防水防油的且有品质保证的产品。描绘时应将其沿着睫毛根部均匀的勾画,使眼睛看起来轮廓清晰、炯炯有神,至于颜色则可选用黑色或深棕色。眼部化妆的效果是整个面部化妆成功与否的关键,也是最难把握的一步。

(6)画鼻梁。鼻子一挺拔,整个面部都会显得很立体。画鼻梁时可将略深于肤色的鼻影色从鼻根两侧涂至鼻翼,在鼻梁和鼻尖上涂浅于肤色的亮色,但要注意不要将亮色涂得过窄,否则会很不自然。

(7)打腮红。腮红应打在笑肌上,涂抹范围上不过眉,下不过嘴角。为了不使涂抹腮红的部位与其他肤色反差太多而不自然,应尽量选择较淡的自然红色、橘粉色等。过浓的红色是不适合于上班的场合的,那样不够庄重。但如果出席一些隆重的场合,则需要选择浓一些的。

(8)涂口红。过去人们不管是什么样的嘴型都流行将嘴唇涂成很鲜艳的红色,但现阶段随着大众审美认知的提高,已不盲目对待自己嘴唇的颜色了。试想如果一张很大很厚的嘴还要用很鲜艳的红色将其凸显出来,势必让人联想到"血盆大口"。因此人们应该根据个体差异正确选择适合自己的颜色,同时还要兼顾肤色与服装色彩。例如,当你穿着紫色、粉色、蓝色的衣服时可使用粉色的口红;当穿着橘红、咖啡、黄色、绿色等颜色的衣服时可使用橘红色口红。

(9)涂睫毛膏。由于化妆的前部分使用了粉底,就有可能把眼睫毛给打白了。如果画了一个很漂亮的妆却顶着白白的眼睫毛出去就会很不雅观。所以有必要在化妆的最后将睫毛刷黑。

四、发式造型

一个人的发型在很大程度上决定着其整体造型,因为我们在打量他人时都是从头开始,不同变化的发型,不仅能改变人的形象,还可以通过丰富的想象力给人们创造出全新的形象。但发型的变化还要综合考虑个体因素,在符合职业、年龄、性别等多种因素的前提下展现出个人风范。

(一)头发的要求

得体的发型需要以良好的发质作为基础,想拥有一头健康亮丽的秀发,平日里的精心护理是必不可少的。头发干枯除了遗传因素外,缺乏护理及精神压力大、饮食的影响也占了相当大的比重。因此养护秀发应从日常做起,养成积极乐观的良好心态很重要,可以选用配方温和且能有效保湿的洗发水,洗发频率不要过于频繁,干性发质两三天一次较佳,而油性发质则需要每天清洗。当然不要忘记使用护发素,每周使用一次滋养秀发的发膜。同时,为了避免发丝水分的流失,尽量少用电吹风及电卷棒等美发器械。饮食方面,多食用一些蛋白质丰富的食物,如鱼肉、鸡蛋、牛奶等。还要养成多梳头的习惯,这样做可以加速头皮血液循环以给毛囊充足的养分,使头发健康亮泽。

(二)发型与脸型

发型设计应首先从脸型的角度出发,客观地看待自身条件,遵循扬长避短的原则。

标准脸型符合"三庭五眼"标准,是最完美的脸型。发型方面没有任何忌讳,并能达到和谐的效果。

长形脸前额发际线生长较高,两颧骨相距较窄,下巴较大且尖,整个面部呈瘦长感,此脸型在选择发型时应避免将前额梳光而露出整个面部,也不宜蓄留长直发并把头发中分,应使耳区的发量稍厚且蓬松以分散脸型的狭长感。

圆形脸颊部比较丰满,额部及下巴够圆,使人感觉温柔可爱,很多发型都能适合,如长、短毛边发型、秀芝发型等。只需稍修饰一下两侧头发,使其向前就可以了,前额应适当留短发。

方形脸的额部与下颌角转角明显,使整张脸显得方方正正,缺乏柔美感。做发型时应注意柔和发型,可留长一点的发型,对方脸的修饰略同于圆形脸。

菱形脸的前额与下巴较窄,颧骨较宽。设计发型时,重点考虑颧骨突出的地方,用头发修饰一下前脸颊,把额头头发作蓬松以拉宽额头发量,不宜采用双分式。

三角形脸型分正三角形与倒三角形。正三角脸形似"梨"又称为梨形脸,其特征是头部较窄,下颚部较宽。不宜留长直发,可将额部略显蓬松用较短且多的头发修饰腮部,以造出上宽下窄的视觉效果,显得清爽秀气一些。学生发型、齐肩发型等比较适合。

倒三角形则相反,其特点是上宽下窄,像个"心"形,又称为心形脸。设计发型时,重点注意下巴,由于下巴很窄,很容易与额头形成鲜明对比,因此发尾长度应超过下巴2 cm 为宜,并向内卷曲,增加下巴的宽度。

(三) 发型与职业

不同的职业需根据工作性质在不影响工作的情况下,努力做到最完美的发型效果:

(1) 文秘、公关人员及交际活动繁忙的女士,社会活动较多,头发最好留长一些,以便能经常变化发型。

(2) 教师、机关工作人员适宜简洁、明快、大方的发型,表现简约、端庄的气质。

(3) 运动员、学生由于年龄及职业的特点,可做出轻松又活泼的发型。

(4) 文艺工作者、服装模特的发型可以做得突破一点,具有一定的时尚感、前卫感。

(5) 旅游接待人员中男员工短发要求前不遮眉、侧不过耳、后不盖领,而女员工则要求将头发盘起,以给人清爽利落的感觉,既要能引游客注目,又不与游客争锋。

项目三　仪表礼仪

◇ **学习目标**

　　掌握职业装的搭配法则及着装禁忌,熟练完成职业着装训练。

◆ **案例导入**

案例一　自尊心被自己重重地伤了一回

说起穿衣礼仪,有一段至今让我无法忘记的尴尬经历,从某种程度上来讲甚至是一种屈辱。记得我刚进杂志社不久,领导安排我去采访一位某民营企业的女性老总。听说这是一个既能干又极有魅力的女性,对工作一丝不苟,对生活却是极其享受,最关键的是,即使再忙,她也不会忽视身边美好的东西,尤其对时尚非常敏感,对自己的衣着及其礼仪要求极高。这样的女性,会让很多人产生兴趣,还未见到她,仅仅是介绍,我已经开始崇拜她了,所以我非常高兴能由我来做这个专访。事先我做了大量的准备工作,采访纲要修改了多次,内心被莫名的激动驱使着。那几天,我始终处于兴奋状态。到了采访当天,穿什么衣服却让我犯愁。要面对这样一位重量级的人物,尤其是位时尚女性,当然不能太落伍了。

说实在的,我从来就不是个会打扮的女孩,因为工作和性格关系,平时穿衣都是怎么舒服、方便就怎么穿。时尚杂志倒也看,但也只是凑热闹而已。现在,还真不知道应该穿什么衣服才能让我在这样一位女性面前显得更时尚些。终于在杂志上看到女孩穿吊带装,那清纯可人的形象打动了我,于是迫不及待地开始模仿起来。那天采访,我穿了一件紧身小可爱,热裤(虽然我的腿看起来有点粗壮),打了个在家乡极其流行的发髻,兴冲冲地直奔采访目的地。当我站在该公司前台说明自己的身份和来意时,我明显看到了前台小姐那不屑的眼神。我再三说明身份,并拿出工作证来,她才勉强地带我进了老总的办公室。

眼前的这位女性,高挑的身材,优雅的举止,得体的穿着,让我怎么看怎么舒服。虽然我不是很精通衣着,但在这样的场合,面对这样的对象,我突然感觉自己的穿着就像个小丑,来时的兴奋和自信全没了。还好,因为采访纲要准备还算充分,整个采访过程还比较顺利。结束前,我问她,日常生活中,她是如何理解和诠释时尚、品位和魅力的。她告诉我,女人的品位和魅力是来自内心,没有内涵的女人,是散发不出个人魅力,也无法突显品位的。而时尚不等同于名牌、昂贵和时髦,那是一种适合与得体。说完这话,她微笑地看着我。此时我的眼睛看到的只有眼前自己那两条粗壮的双腿,心里纳闷:这腿为什么会长得如此结实,做热裤的老板一定很赚钱,因为太省布料了……我感觉自己无法正视她,采访一结束,我逃似的奔离了她的办公室。

评析:张小姐作为某时尚杂志记者,由于刚走入社会,平时不太注意穿着,所以分不清什么是"时尚",什么是"时髦"。穿衣不会根据自己的职业、体型、审美趣味来进行选择。以为时髦的东西就是时尚,所以作为时尚杂志的记者,不仅不能引领时尚,反而使自己的衣着打扮严重地和职业、身份不相符,缺乏应有的审美品位,所以难免招来前台小姐鄙视的眼光,让自己感到尴尬。

案例二 维护好个人形象

郑伟是一家大型国有企业的总经理。有一次,他获悉有一家著名的德国企业的董事长正在本市进行访问,并有寻求合作伙伴的意向。他于是想尽办法,请有关部门为双方牵线搭桥。

让郑总经理欣喜若狂的是,对方也有兴趣同他的企业进行合作,而且希望尽快与他见面。到了双方会面的那一天,郑总经理对自己的形象刻意地进行一番修饰,他根据自己对时尚的理解,上穿夹克衫,下穿牛仔裤,头戴棒球帽,足蹬旅游鞋。无疑,他希望自己能给对方留下精明强干、时尚新潮的印象。

然而事与愿违,郑总经理自我感觉良好的这一身时髦的"行头",却偏偏坏了他的大事。郑总经理的错误在哪里?

评析:俗话说:"穿衣打扮,各有所爱。"意思是自己喜欢穿什么样的衣服那是个人的事情,与别人没有关系。但是作为职场中的人来说,你的衣着却不仅仅是个人的事。因为,你的衣着要和你的职业身份相符合,身上所穿的衣服,不仅代表了自己的品位,还代表着单位的形象,代表着对别人的尊重。在社交场合,从某种意义上说,你的衣着就是一封无言的介绍信,向你的交往对象传递着各种信息,别人可以从你的衣着上看出你的品位、看出你的个性,甚至可以看出你的职业状况。著名影星索菲亚·罗兰就深有感触地说过:"你的服装往往表明你是哪一类人物,它们代表着你的个性。一个和你会面的人往往自觉不自觉地根据你的衣着来判断你的为人。"从这个意义上说,服装就不仅仅具有蔽体、遮羞、挡风、防雨、抗暑、御寒的作用,它可以美化人体,扬长避短,展示个性,体现生活情趣,还具有反映社会分工,体现地位和身份差异的社会功用。

爱美是人的天性,尤其是女性。但衣着是极其讲究个性的,并不是漂亮的衣服就适合所有人。女性的穿着打扮应该灵活有弹性,学会选择适当的时候穿适合的衣服;搭配衣服、鞋子、发型、首饰、化妆,使之完美和谐,这才是美丽的关键。最终被别人称赞,应该夸你漂亮而不是说你的衣服好看或鞋子漂亮,那只是东西好看,不是穿得好。

服装并非一定要高档华贵,但须保持清洁,并熨烫平整,穿起来就能大方得体,显得精神焕发。整洁并不完全为了自己,更是尊重他人的需要,这是良好仪态的第一要领。

不同色彩会给人不同的感受,如深色或冷色调的服装让人产生视觉上的收缩感,显得庄重严肃;而浅色或暖色调的服装会有扩张感,使人显得轻松活泼。因此,可以根据不同需要进行选择和搭配。

除了主体衣服之外,鞋袜手套等的搭配也要多加考究。如袜子以透明近似肤色或与服装颜色协调为好,带有大花纹的袜子不登大雅之堂。正式、庄重的场合不宜穿凉鞋或靴子,黑色皮鞋是适用最广的,可以和任何服装相配。

饰物点缀巧妙地佩戴饰品能够起到画龙点睛的作用,给女士们增添色彩。但是佩戴的饰品不宜过多,否则会分散对方的注意力。佩戴饰品时,应尽量选择同一色系。佩戴首饰最关键的,就是要与你的整体服饰搭配统一起来。

不同的工作性质、不同的单位,有着不同风格的衣着打扮,因此你要顺应主流,融合在其文化背景中,最好根据你的工作性质和特点选择装束。

总之,穿衣是"形象工程"的大事。西方的服装设计大师认为:"服装不能造出完人,但是第一印象的80%来自于着装。"因此,千万不要掉以轻心!

评析:在对外的正式交往中,每个人都必须时时刻刻注意维护自己的形象,特别是给初次见面的人的第一印象。郑总经理与德方同行的第一次见面属国际交往中的正式场合,应该穿正装,即穿西服或传统中山服,以示对对方的尊敬。但他没有这样做,德方同行认为:此人着装随意,个人形象不合常规,给人的感觉是过于前卫,尚欠沉稳,与之合作之事当再作他议。

◆ 任务实训

任务1 职业着装规范训练

职业着装规范训练的实训安排如表1-3-1所示,男性西装和女性套装着装规范操作考核评分表分别如表 1-3-2、表 1-3-3 所示。

表 1-3-1 职业着装规范训练实训安排

要　素	内　　容
实训时间	2 课时
实训目的	1. 掌握职业装的搭配原则 2. 能根据自身条件,正确选择相应的饰品
实训要求	要求学生能正确进行饰品及鞋袜、包袋的配套使用及纠错;进行不同场合、不同职业的着装原则及技巧的运用;掌握同色、对比色等色彩运用原理在服装搭配中的运用
实训方法	通过视频教学的观看,结合老师的示范,让学生获得正式着装的要领和领带、丝巾的基本打法,并自己动手实际练习打领带、系丝巾。并将全班男生、女生各分为两组,依据所学着装搭配知识将西服、套裙及相应配饰穿戴好,相互找错并评析
实训准备	物品准备:①西服套装(衬衫、领带、西服);②配饰(皮带、皮鞋、皮包、领带夹);③女士套装(打底衫、衬衫、西服套裙);④配饰(方巾、首饰若干、皮包、丝袜、皮鞋) 场地准备:旅游实训楼形体实训室
实训流程	1. 男生利用西服及配饰进行现场搭配 2. 女生找出男生着装不恰当的地方,并进行评析 3. 女生利用套装及饰品进行现场搭配 4. 男生找出女生着装不恰当的地方,并进行评析 5. 学生进行不同场合的着装演示,展示各种色彩、款式、包袋、鞋袜的搭配实例操作 6. 教师进行点评
实训操作标准	1. 西装及女士套装的穿着符合相应原则 2. 职业装的搭配技巧,着装禁忌
基本要求	符合职业着装规范操作标准

表 1-3-2 男性西装着装规范操作考核评分表

考核内容	考核标准	满分	实际得分
西　服	穿着时袖标已摘除、西服大小合身、成套穿着	20	
衬　衣	领口整洁、大小合身、颜色上能很好地搭配西服上装	10	
领　带	造型呈饱满的倒三角、下端压出一条窝、长度正好处于皮带扣的上端;颜色端庄、素雅	10	
扣　子	可敞开穿着西服外套或两粒扣的扣上面一粒;三粒扣的扣中间一粒;四粒扣的扣第二粒	10	
色　彩	整体颜色搭配合理,着装层次感鲜明,男士皮鞋、皮带、皮包的颜色一致	20	
饰物搭配	符合整体性原则及社交要求(领带夹的佩戴位置准确等)	10	

考核内容	考核标准	满分	实际得分
不同场合各种服装及包袋、鞋袜及配饰的搭配实例操作	符合TPO原则	20	
总　　分		100	

表 1-3-3　女性套装着装规范操作考核评分表

考核内容	考核标准	满分	实际得分
套　　裙	套裙大小合身,成套穿着	20	
衬　　衣	领口整洁,大小合身、颜色能搭配外套上装	10	
方　　巾	造型外观大方、端庄、简约,颜色符合个体	10	
皮　　鞋	穿着跟高 3～5 cm 左右的深色皮鞋	10	
袜　　子	肉色,未出现钩丝、破洞等	10	
色　　彩	整体颜色搭配合理,着装层次感鲜明	10	
首　　饰	符合整体性原则及社交要求	10	
不同场合各种服装及包袋、鞋袜及配饰的搭配实例操作	符合TPO原则	20	
总　　分		100	

任务 2　服装表演

服装表演的实训安排如表 1-3-4 所示,服装表演操作考核评分表如表 1-3-5 所示。

表 1-3-4　服装表演实训安排

要　　素	内　　　　　容
实训项目	服装表演
实训时间	2 课时
实训目的	1. 掌握服装的搭配方法——统一法、对比法、点缀法、分割法、呼应法 2. 能运用已有的服饰演绎出不同的服饰搭配
实训要求	要求学生熟悉服装的搭配技巧,并能扬长避短
实训方法	将全班同学分成若干小组配上时装走秀的乐曲进行服装表演
实训准备	1. 物品准备:职业装若干套、休闲装若干套、首饰及配饰若干 2. 场地准备:旅游实训楼形体实训室

续　表

要　　素	内　　　　　容
实训流程	1. 将全班同学分成若干小组,每组 10 人 2. 选择好适合服装表演的音乐 3. 配上音乐进行走秀,要求将服装搭配中的统一法、对比法、点缀法、分割法、呼应法表现出来 4. 教师与学生评委(共 10 人)给各小组评分,结合搭配原则及舞台表现力综合评分
实训操作标准	1. 职业正装的穿着符合相应原则 2. 职业休闲服的穿着符合相应原则 3. 运动休闲服的穿着符合相应原则 4. 娱乐休闲服的穿着符合相应原则

表 1-3-5　服装表演操作考核评分表

考核内容	考　核　标　准	满分	实际得分
搭配原则	正确运用统一法、对比法、点缀法、分割法、呼应法	50	
身材因素	针对身材的高矮胖瘦选择适宜的着装风格	10	
肤色因素	针对亚洲人的常见肤色能选择适合的服装色彩及掌握颜色禁忌	10	
综合表现力	表演富有感情,能很好地诠释服装	30	
总　　分		100	

◆ 相关知识

俗话说"三分长相,七分打扮。"着装好似一面镜子可以表现出一种文化,从一个侧面真实地反映出个人修养、气质、品位及爱好。不仅如此,它还可以反映出一个人的思想境界,正如莎士比亚所说"服饰往往可以表现人格",通过着装可以判断一个人情趣格调的高低。郭沫若也曾说过:"衣裳是文化的象征。衣裳是思想的形象。从人们对服饰的选择,可以窥测到他的文化水平和道德修养的底蕴。"可见,着装美体现出内在美和外在美的统一。社会交往中,人们对着装非常敏感,整齐大方的着装给人留下美好的印象,而散漫不洁的着装则令人感到厌恶,甚至怀疑你的工作能力。因此,有必要在社交中注意服装的选择,遵循着装的原则,从而彰显出个人仪表魅力。

一、着装审美

现代人们与陌生人初次见面,常常会"以貌取人"。服装除了具有遮羞护肤、御寒保暖的功能外,还具有一定的修饰性,即着装审美。一个人的仪表美,除了表现在容貌上之外,还体现在服饰上。我们的祖先,在远古时期就知道用树枝遮挡裸露的身体,在森林狩猎时,食其肉穿其皮,还将动物的毛骨佩戴其身作装饰用。人类社会发展至今,生产力水平大大提高,着装的审美色彩也越来越明显了。一些人注重个性化的着装,喜欢穿得随意,甚至标新立异,另一些人却从不在乎穿着,虽然他们之中不乏有学问、有地位者,但他们对着装的要求并不高,或者根本不知道怎样穿才得体。从审美的角度看,着装确实是一门艺术,服饰一定要根据自己的身形、气质、身份及先天与后天的特点,正确地挑选适合自己的颜色及款式,如果不根据个体特征与周边环境适当的选择就很难在社交中赢得人们的尊重。为了提高人际魅力,必须懂得着装的原则,学会服饰搭配的艺术。

(一)着装要与环境相协调

穿衣服要考虑到自身所处的环境,即前面曾谈到的"TPO"原则,什么样的环境穿着什么样的衣服,使服饰能很好地融合于周边环境,体现出个人与环境的协调统一。比如在办公室上班时,应该穿得端庄、大方些;周末外出时则可体现出轻松、休闲的气息;平日居家,可以穿得随便些,但如果有客人来访,只穿内衣来接待客人则会显得十分失礼;出席一些较隆重的场合则要求盛装。另外,在一些其他特殊的场合,还有一些专门的着装要求。

(二)着装要与体形相协调

每个人的身材并非一成不变的,同样一件衣服你穿上好看,他穿上就未必是那么回事,这是为何呢?原因是服饰的美丑更多体现在人穿着后的效果,而这取决于人的身材因素,应该综合考虑体型上的差异,扬长避短。

1. 身材较高者

身材高大者,上衣应适当加长,配以低领或宽大而蓬松的袖子,宽大的裙子、衬衫,这样可以给人以"矮"的视觉效果,颜色上最好选择深色、单色等柔和的色彩。

2. 身材较矮者

个子矮小的人只要穿着比例协调,一样能穿出自己的风范。服装款式以简单直线为宜,最好选择浅色的套装,上衣可以稍短一些,使下身的比例比上身突出,穿裤子时切忌将裤腿卷起,那样会使腿看起来短了一截,短上加短。

3. 身形较胖者

为达到显瘦的效果,胖人在选择服装的款式上应力求简洁,颜色上最好是冷色调,宜选择直条纹或小花纹的图案。不可选择过于烦琐的款式,否则会使体型显得更胖。

4. 身形偏瘦者

较瘦的人应选择色彩鲜艳的大花纹图案的衣料,这样可以给人以丰满、健硕的视觉效果,切忌穿太紧身的衣裤,应该穿着有变化的、层次感的、较复杂的衣服,也不要总穿深色的衣服。

(三)着装要与肤色相协调

肤色的深浅,决定服装颜色的选择,巧妙地利用色彩不仅可以弥补肤色的缺陷,还能将肤色的优点衬托得更加明显。

（1）肤色白皙且面色红润的人穿衣服在颜色方面没什么忌讳，但穿上茶绿色或黑绿色的衣服会将肤色显得更加漂亮。

（2）东方人的肤色偏黄，平日里尽量少穿黄色、咖啡色或橙黄色的上衣，因为这样穿会使我们脸上的黄气和瘢点被映得更加明显。所以东方女性在服装颜色的选择上建议多采用冷色系的服装，如蓝色、绿色、黑色、白色等。

（3）肤色偏黑的人较排斥粉红色、淡绿色等，因此不宜选择。

（四）着装要与年龄相协调

在对生活、工作的态度上，我们要永远保持年轻的状态，但是对于着装，则要严格区分，以免遭到别人的批评与误会。无论你是年轻者还是年老者都应该注重服饰装扮。

1. 年轻者

服装是格外垂青年轻人的，年轻人在选择着装搭配时有很大的空间，不论是清纯可人的、端庄典雅的或是时尚新潮的都能穿出别样的风采。但如果一个年轻女子在社交场合穿着过于华丽、过于成熟，也会失去年轻人应有的朝气和蓬勃向上的青春之美。颜色上，青年人可以选择鲜明丰富的色彩，也要和谐统一，张扬出青春活力的激情。

2. 年老者

老年人也有打扮自己的权利，其着装风格应体现出庄重、雅致、成熟及稳重，在服装色彩的选择上，应偏向于暖色的砖红、土红或冷色的湖蓝、乳白色等；款式上力求简洁明快，有适当的放松感；面料要求较挺括的中、高档面料，这样自然可以透出年轻人所没有的成熟感，显现出老年人雍容、华贵的气质。

（五）着装要与职业相协调

不同的职业对着装的要求也有着成文或不成文的规定，除了要和环境、体形、肤色、年龄等协调之外，还要与职业相协调。例如：公司白领要为企业树立良好的对外形象，应穿出大方、干练的职业气质；医护人员的着装应避免过于时髦、怪异，应使人感觉稳重、富有经验，这样也有利于对病人的治疗；青年学生应将精力集中在学业上，太花哨的打扮肯定是不适合的，应力求简洁、大方、活泼、阳光；文艺工作者由于职业的需求，可以穿得标新立异些，使其富于时尚气息。

二、职业着装

职业装的穿着能使人看上去更加精神、更加干练，无论是男士还是女士都应在上班的时间选择一套合适的职业套装，使自己融入工作的角色中。

（一）男士着装

男士出席正式场合一般都要身着西服套装，西装是一种国际性服装，对它的穿着讲究成套统一，因此有必要对西服的穿着加以认识。

1. 西装

西装的选择是否得体应从款式、面料及颜色三方面来讲。

西装的款式大致可分为英国、美国和欧洲三大流派，主要是从领子的宽窄、扣子的数量、单排还是双排、后分叉的部位等方面区分开来。男性在选择西装时应该综合考虑自身的身形特征，比如，身材高大的人可以选择一些宽领稍长的西装，双排扣更能增添几分帅气，单排扣则体现出男性的现代与简约；而身材较小的人则应注意不要穿过宽、过长的衣服，以免以衣服为参照物，人显得更加矮小了。西装的面料应该挺括些，一般可选择纯羊毛的面料或羊毛混纺面料，也有化纤混纺的，价格相对会便宜些。颜色方面则要根据所处的场合来选择，如果是去参加一些较正式的会议，则需要身着深色西装，如黑色、深蓝色、深咖色等，但是平日里的穿着则不需要太过讲究，以简约为好，但一定要熨烫整齐。

2. 衬衫

衬衫的选择一定要与西服外套协调，首先配西服的衬衫必须是长袖、有领子，袖子的长度须长于西服外套的袖子，领子要硬朗、挺括且干净整洁，其下摆应掖进西裤；其次讲究色彩的调配，要是西服的颜色与衬衫一致，就很难体现出服装的层次感，一般来说，深色的西服可以配上浅色的衬衫，单色的西服搭配花色的衬衫，例如，黑色的西服搭上白色的衬衣就是最经典的西装穿着方法。

3. 内衣

衬衫内切忌穿过多的内衣，如有必要可穿一件背心。如果天气寒冷。可在衬衫外面加上一件羊毛衫或羊毛背心，但要注意不能过于宽松，否则穿着臃肿，会影响西装的整体效果。

4. 领带

领带能起到画龙点睛的作用，西服的穿着也离不开领带，越是正式的社交场合对领带的要求越高。要系好领带，首先要选好一条领带。款式上有宽窄之分，最近很多年轻一族喜好过窄且下端为平头的款式，比较时髦，但却不适宜正式场合，因此应注意使领带的宽度与自己身体的宽度相协调，在正式场合选择下端为倒三角形较传统的领带。面料方面有真丝和尼龙，但二者的档次有所差别；色彩上，有单色与花色之分，单色适用于较正式的社交场合，而花色可用于一般场合。但需要特别注意的是花色领带的颜色不应超过三种。色彩、图案过于怪异、夸张的领带的使用并不广泛，必须区别对待。

领带的结法有多种，如平结、交叉结、双环结、温莎结、双交叉结、亚伯特王子结、四手结（单结）、浪漫结等，具体系法如图 1-3-1 所示。领带打好之后，应被置于合乎常规的位置，比如穿着西装上衣系好衣扣后，领带应处于西装上衣与衬衫之间。穿羊毛衫、羊毛背心时，领带应处于它们与衬衫之间。穿多件羊毛衫时，应将领带置于最内层的羊毛衫与衬衫之间，千万不要使领带处于西服外套与羊毛衫、羊毛背心之间，更别让它夹在两件羊毛衫之间。系好的领带要求外观端正、挺括，领带结呈倒三角形且在其下方有

领带结法名称	过　程　分　解　图　示
平　结	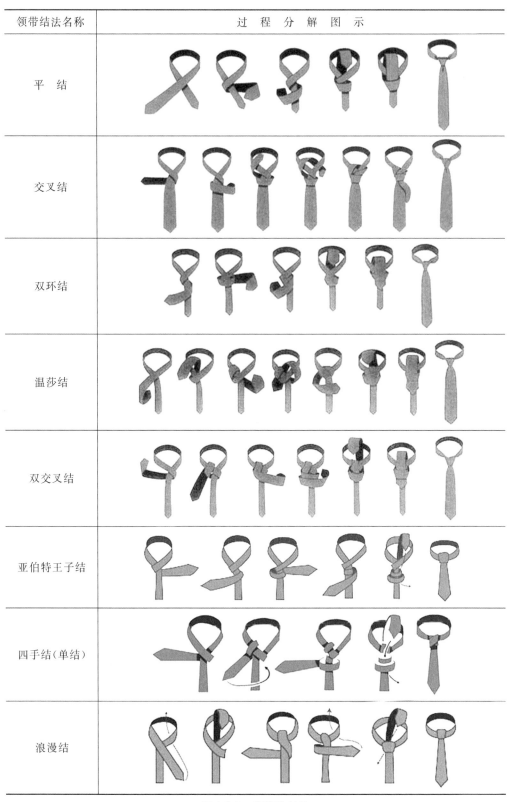
交叉结	
双环结	
温莎结	
双交叉结	
亚伯特王子结	
四手结（单结）	
浪漫结	

图 1-3-1 领带的结法

意压出一条沟来,使其看来美观自然;领带结的大小应与所穿衬衣领子的宽窄成正比;领带末端正好处于皮带扣的上端。

另外,为了减少领带在工作时的任意摆动所带来的不方便,可适当使用领带配饰,常见的领带配饰有领带夹、领带针等,它们分别用于不同的位置,但不能同时使用,其作用是固定和装饰。使用领带夹的正确位置是以衬衫从上至下的第四、五颗纽扣之间,倘若脱去西装上衣,则应将领带夹上移至第三、四颗纽扣之间,但如果夹得过分往上,甚至被夹在羊毛衫鸡心领开口处,则是非常土气的。领带针用于将领带别在衬衣上,其一端为图案,应处于领带之外,另一端为细链,应藏于其内,使用时应将其别在衬衫从上至下的第三颗纽扣处的领带正中部分,严禁将领带针当胸针使用。

5. 扣子

西装上衣一般不建议将扣子全部扣上,那样会显得很呆板。单排扣的西装可以敞开穿着,如果需要扣扣子,则要搞清楚是几颗扣的西装。两颗扣子的西装通常只扣上面的一颗。如果是三颗扣子,则只扣中间的一颗或上面的两颗。四颗扣子的西装可扣上面三颗。坐下时,则须将扣子全部解开。

6. 皮带

男士着西装时必须选择一条得体的皮带,虽然它在大部分时间都被隐藏在西服之中,但也会常常显露出来,皮带的正确穿戴也能体现出个人内涵与修养。正式场合一般选择黑色、棕色或栗色的皮带配以金质、银质的皮带扣,表现出低调而又职业的气质。皮带的品质由皮质及带扣决定,全皮皮带是首选,通常牛皮是制作正装皮带的最佳材质,避免选择鳄鱼皮、蜥蜴皮、鸵鸟皮或蛇皮为材料制作的皮带,它们与职业着装不匹配。皮带的搭配应该考虑"皮带与皮鞋相配"的原则,即什么颜色的皮鞋配以什么颜色的皮带。而且皮带也有尺寸问题,皮带的尺寸应该大于裤子的腰围。一般情况下皮带的长度应该比裤子的腰围长出 5 cm 左右。

7. 皮包

皮包不仅用于存放个人用品,也能体现出一个人的身份、地位与性格爱好。正式场合男士应使用公文包,主要以黑色皮质为主,若为了搭配衣服,也可以选择其他的颜色,但仅限于深色。面料以真皮为宜,如牛皮、羊皮等。

8. 鞋袜

穿西装一定只能穿皮鞋,不能穿休闲感十足的旅游鞋、帆布鞋等。皮鞋的颜色应与皮带相同,如黑色的皮带配黑色的皮鞋、棕色的皮带配棕色的皮鞋,还要协调西装的颜色,千万不要以深色的西装配浅色的皮鞋。为了在人前显现出整洁的一面,要养成经常擦鞋的习惯。

袜子也是个值得注意的问题,袜子的颜色通常以深色为主,男士宜穿中筒深色袜子,工作时间不得穿白色袜子,如果身着一身黑色的西装,却露出一双白色的袜子,则会显得相当扎眼。

（二）女士着装

女士职业装的特点是端庄、大方，能充分体现出其职业地位及着装品位，相对于男士着装，女性的着装则要更加丰富靓丽。得体的穿着有利于赢得人们的尊重，因此有必要掌握女士职业装的着装原则及特点。

1. 套装

套装是白领丽人的最佳选择，既然是套装就一定只能成套穿着，千万不要随意乱搭，以免引起别人的批评与误会。

（1）款式。正式场合的着装原则总的来说就是"流行中略带保守"，别穿得太另类是最保险的方法，选择典雅简约的服饰不用担心年年得换新衣，什么样的场合穿什么样的衣服，排个表，可以避免同一套衣服出现的次数过于频繁。典型地职业装款式为西服上装加及膝套裙或西服上装加宽腿长裤，选择上可以根据自己的年龄、体形来决定，但不宜选择过于复杂的款式，更不要穿着太休闲、太艳丽的礼服出入办公室。

（2）颜色。可选择一些稳重而又权威的颜色，如黑色、栗色、驼色、灰色、海军蓝色等。若嫌色彩单调，不妨扎条颜色鲜艳的领巾，或者在套装内穿上一件亮眼的打底衫。着装中不同颜色的搭配也能起到不一样的效果，穿衣讲究扬长避短，想突出哪部分的优点，就可以将那部分穿得颜色鲜艳一些。通常人们将黑色、灰色、米白色等颜色看做背景色，如果女性全身穿着的颜色都是背景色，就很难给别人留下什么印象了，这时不妨加入一些色彩，以下列出几条公式可供参考：

背景色＋一种色彩＝引人注意，如浅杏色＋绿色。

背景色＋背景色＝被人忽视，如白色＋杏色。

背景色＋一种花色＝印象深刻，如背景色＋花纹、格子。

除此之外，色彩之间的调配也能凸显个性，正确运用色彩，能很好地表现人的生活情趣与情感，能充分传达出人的活泼与稳重、兴奋与冷静、豪华与朴实、刚强与温柔等的情绪，充分展现出服饰的美学效应。理想的色彩组合有：绿色＋黄色、黄褐＋白色、酒红＋杏黄、黑色＋浅绿、深蓝＋深红、浅蓝＋粉红、红褐＋暗灰等。

（3）搭配方法。这主要还得从颜色的角度来分析，搭配的方法有：

① 统一法。配色时，采用同一色系中几种明暗不同的色彩，利用其深浅不同来进行搭配，体现出着装的层次感。

② 点缀法。这种配色的方法必须建立在统一法之上。在局部范围内，选用亮眼的色彩加以点缀，使其美化。

③ 对比法。配色时利用色彩的冷暖、明暗、深浅等反差极大的两种颜色进行组合，给人留下深刻印象。通常使人产生寒冷、抑制、沉稳感觉的色彩为冷色，如黑色、深蓝色；使人产生温暖、热烈、兴奋感觉的色彩为暖色，如大红色、明黄色。

④ 分割法。这种配色的方法必须建立在对比法之上。即当两种对比过分强烈时，可运用二者间较为协调的色彩，在其交界处对二者进行分割，使其过渡缓和。

⑤ 呼应法。为了使着装遥相呼应，可以在某些相关的部位刻意采用同一种颜色，

产生强烈的美感。

2. 皮鞋

女性在上班期间应穿着有独立鞋跟（5 cm 左右）的黑色皮鞋，不宜穿超细高跟皮鞋、抛光鞋、大头鞋、超厚底鞋及其他种类的时装鞋。皮鞋要经常擦拭保养，保持整洁光亮。夏季皮鞋应避免选择那些露出脚趾与脚跟的凉鞋与拖鞋，切忌将特别正式的职业装配上皮靴穿。

3. 丝袜

穿皮鞋一定不得光脚穿。女性袜子的颜色可谓丰富多彩，但却不是所有的颜色都能登上大雅之堂，身着职业套装时应穿肉色或略深于肤色的丝袜，不能穿黑色丝袜或网袜。避免露出袜口，否则袜子一截、裙子一截、腿肚子一截，这种穿法术语叫"恶性分割"，容易使腿显得粗短。上岗前要检查袜子有无破损，平日应经常换洗袜子，不得穿有破洞或有跳线的袜子。

4. 皮包

男人看表，女人看包，女性在社交场合普遍使用皮包，皮包不仅用于存放个人用品，也能体现一个人的身份、地位、性格等。那么对于皮包的选择有哪些方面的讲究呢？

（1）款式。社交场合女性使用的包主要分为坤包、拎包、肩挎包和公文包等。如果是拿在手里的坤包，千万不要选择太大的、式样和花纹过于复杂的。从礼仪上说，当男士与女士结伴而行的时候，男士应该为女士提包，但是坤包是绝对不能帮忙提的。因为坤包是女士使用的比较精致的小包，通常只装些随身的化妆品或零钱等。公文包给人感觉很硬朗，可以尝试同时携带小巧的女用公文包和体现女性风采的肩挎包，这样可以更合理地放置尽可能多的物件，比起随意拎个塑料袋或纸袋要专业得多。在大多数穿职业休闲装的场合都不必搭配公文包，假如需要携带文件资料，女性可以使用拎包以取代公文包。

（2）颜色与质地。若是日常使用，颜色可随意些，但应注意与服装的搭配。正式的场合宜选择质感较佳的皮包，颜色以黑色、灰色、枣红色、深蓝色为主，能够显示出女性的沉着干练，比较讲究的女性会将皮包的颜色与皮鞋搭配起来。帆布包及草编包如果上班时使用，实在不够庄重，可以在休闲或朋友聚会时使用。金色或银色的皮包尤其适合在晚宴时使用，因为在灯光下才会显示出其高贵。这里应注意几个要点：①如果服装的色彩比较多样化，皮包的选择应与服饰的主色调一致；②最好使皮包与服饰中的某种颜色（比如腰带、围巾等）同一色彩，整体感觉遥相呼应，协调统一。

（3）场合。平日里，女性不要只用一只包"走天下"。最好有几个不同款式、质地的皮包，分别用于上班、休闲和晚宴等不同场合。上班时可选择式样大方、稍大一些的皮包，这样可以体现出良好的职业形象并存放较多的上班用品。参加晚宴等正式场合，应选用比较考究的皮包，这样既与礼服相配，也是对主人礼貌的表示。出席宴会时最好使用手挽式或背式皮包，不用手拿皮包，以免在取用餐点或交换名片时，造成不必要的麻烦。

三、休闲着装

(一) 休闲服

休闲服是人们在闲暇生活中从事各种活动所穿的服装。休闲着装与现代生活方式高度相关,正因为现代人们重视生活质量、强调闲暇生活重要性的价值观导致了现代休闲服的流行。休闲服在穿着上比较随意,颜色搭配与款式上没有职业装那么严格,有很大的多样性与包容性。现代休闲服主要有职业休闲服、运动休闲服与娱乐休闲服三大类。

1. 职业休闲服

目前有些企业每周会挑一天出来,让员工穿职业休闲服上班,即"便装周五"。职业休闲服不同于正式职业装,它在款式的搭配上没有那么严格,可以根据着装者的喜好自由搭配,虽说搭配随意但也要能够体现出着装的美感,使服装的穿着兼顾典雅与时尚。

办公室的青春一族有很大的选择空间,色彩上以当下流行的色调为主,给人感觉时尚大方,可以多穿些款式短小且灵活的休闲西装,如内长外短的着装方式,再加上一条窄窄的铅笔裤,挎上时髦的肩挎包,或者将一件衬衫扎在腰间,在办公室里增添几分张扬的气息,构成一幅动人而又充满活力的青春画像。男性翻领衬衫加上一件素雅的毛衣是最经典也最保险的便装搭配,风格比较宽松,但是与平日里穿着的西装没有太大的气质差别。成熟的职业女性可选择黑、白、灰等安全色为基调,配以点缀的酒红色、紫色等,款式以修长为主,强调整体典雅风格,同时还可以配以纱巾、胸针等,令整体着装极富韵味。

2. 运动休闲服

运动休闲服有别于运动服,是带有运动趣味的休闲便装,不管是在参加运动类的社交活动还是观看一些体育比赛都可以穿着运动休闲服,这类服装一般成套出现在人们的眼前,面料讲究棉质柔软且舒适轻快,颜色上追求鲜艳亮丽,多采用对比强烈的搭配方法,使穿着者活泼轻快,运动感十足。

3. 娱乐休闲服

指参加娱乐社交活动所穿的服装。由于现代娱乐休闲活动的分门别类,与之相适应的娱乐休闲服同样也跟着流行起来,如听音乐会、卡拉 OK、观赏电影等。此类服装的穿着应符合服装流行趋势,才能在人际交往中赢得人们的尊重。

(二) 搭配原则

(1) 艳色、花纹与淡色有显"大"的作用;暗色与深色则有显"小"的作用,人们可以将这一原则利用于服饰搭配中,以扬长避短。另外,同色系的服装能够显高,所以,身材娇小的人上下身宜选择同色系的方法搭配,而身材高大的人则可采用上下身的对比色来进行搭配以平衡全身线条。

(2) 鲜艳色彩的运用应适度,如果上半身想穿得比较靓丽,下半身则一定只能搭配中性色,就只让鲜艳的色彩或亮丽的图案出现在上半身。相反地,如果裤子是格子或条纹图案，上衣颜色最好是与裤子的主色调属于同色系，千万不可上身格纹下身斜杠，给人感觉十分凌乱。

（3）配件应以中性色为主或重复衣服的颜色，如皮带、皮鞋、袜子、帽子等以中性色最为安全。也可以采用与上衣或长裤重复的颜色来做搭配，如黑色上衣、红棕色皮靴，配上一条红棕色皮带，看起来就非常出色。

四、饰品搭配

饰品能为服装起到画龙点睛的效果，它能从某个层面体现出人们的状况。在社交场合要学会使用饰品进行搭配，它的运用不仅能够体现出使用者的身份、地位、财富状况等，还可以使他人了解其知识、审美品位及婚姻状况等，但一定要符合搭配原则，否则将会遭到批评与非议。

（一）佩饰搭配的作用与原则

现代人们总是会将饰品与服饰有机地结合起来。所谓饰品，就是指人们在着装的同时所选用、佩戴的装饰性物品，它包括首饰与配饰两大类。人们在穿着打扮时，经常需要借助于饰品，它可以起到强调、美化、烘托的作用，更有传播信息的功能，往往能够表明主人的态度与想法。它与服饰的不同之处就在于，饰品可以使用，也可以不使用。在正式的社交场合中，人们使用饰品一定要恰到好处，发挥其应有的装饰、美化功能。通常应当遵守以下七条原则：

1. 数量以少为佳

饰品既然可以使用，也可以不适用，佩戴时在数量上还是以少为佳。同类饰品的佩戴不超过一件，但耳环例外，一定是一对同时出现。如果实在起不到较好的搭配效果，干脆一件也不佩戴。

2. 符合身份

饰品在佩戴时必须符合使用者的身份，如年轻者可以佩戴较夸张、新潮的饰品以显现出年轻一族的活力，彰显其个性；但年老者则应以稳重大方为好，体现出年轻人所不具有的柔和沉稳的魅力。

3. 同质同色

这一原则的运用令使用者有协调统一的感觉，力求使佩戴的饰品做到同质同色，如果是镶嵌的首饰，至少使其主色调及质地保持一致。

4. 符合体型

饰品的佩戴应能够为使用者扬长避短，若是自身条件并不完美，要注意不要让饰品夸大了缺点，例如，脖子短的女士戴项链不能选择短而粗的款式，因为这样只会将人们的视线集中于有缺陷的脖子，也就是将缺点夸张。佩戴饰品时，要使饰品弥补自己体型上的缺点，若要取得较好的效果，不妨戴上一条细而长的项链比较适宜。

5. 符合季节

不光是服饰的选择要符合季节的变化，饰品也应遵循这一规律，季节不同，所带饰品也应有所区别。例如,冬季佩戴首饰应选择金色的材质,而夏季则应佩戴银色的首饰。

6. 能搭配现有的服装

要尽力使饰品的佩戴为服饰锦上添花,与整体服饰融为一体,营造出协调统一的美感。若不兼顾所穿服装的颜色、款式及质地,则很容易成为别人的笑柄。

7. 遵守当地的习俗

不同社会的人们在一定时期会形成具有一定共性的衣着习俗,其中包含着特定的社会文化信息。佩戴饰品应遵守当地的习俗,不同的地区,其饰品佩戴的习俗均不同。

(二) 饰品佩戴的要求与方法

不同饰品在使用时有不同的要求,以下介绍一些常用饰品的佩戴方法:

1. 眼镜

平日里,人们使用眼镜帮助提高视力,它可以起到保护眼睛、矫正视力的作用。如今越来越多的人将眼镜用作装饰品,因为眼镜能起到美化脸庞、改变气质的效果。因此,有必要为自己选择一副适宜的眼镜,通常选择眼镜以肤色和脸型为出发点,肤色偏白的人,可以选择任何颜色的镜片,而肤色偏深的人宜选择浅咖色的眼镜片较为合适。金边眼镜给人带来几分斯文,而黑色框架眼镜则添加不少现代简约的气质。此外,还应懂得运用眼镜来修饰脸庞,例如,圆形脸应该避免使用镜框过圆或过方的眼镜,否则将会使圆形脸被映衬得更加明显。

2. 领针

领针的使用,男女皆可。它不同于胸针,专用于别在西服上衣左侧领之上。佩戴时,戴一只即可,千万不要将它别在胸前、右侧衣领等不恰当的位置,也不要佩戴有广告效用的胸针,那样会使人觉得不够正式。

3. 胸针

胸针多为女性佩戴于左胸前的装饰品。有时也有例外,如果发型偏左,可将其佩戴于右胸前。由于图案以花卉为主,又称胸花。

4. 耳饰

耳饰有耳钉、耳链、耳环与耳坠之分。上班时佩戴的耳饰,应符合职业的氛围,其款式最好以固定在耳上的耳钉为佳,若是使用线条夸张的耳链或耳坠等,是与职业环境、职业服装等相当不匹配的。另外,选择耳环还应兼顾脸型条件,例如,长形脸的人就不宜佩戴耳链或长形耳坠,因为这样会拉长脸型,使脸型更加显长,圆拱形的大耳环就比较适合。耳饰的出场讲究成双成对,不宜在一只耳朵上同时佩戴多只耳饰。国外男子也有戴耳饰的习惯,但却不是成对出现,只在左耳上戴一只,右耳不戴。

5. 项链

项链是佩戴于颈部的饰品,男士所带项链应藏于衣领内,女性则要将其与脸型相搭配。颈部漂亮的女性可以戴一条有坠的短项链,突出颈部的美丽。脸部清瘦且颈部细长的女性,戴单串短项链,脸部瘦长感便会有所改观,不会显得太瘦,颈部也不会显得太长了。脸部偏圆而颈部粗短的女性,最好戴细长的项链。总之,项链的粗细应与脖子的粗细成正比,从长度上可以将项链分为 40 cm 的短项链、50 cm 的中长项链、60 cm 的长项链及 70 cm 以上的特长项链,其中 40 cm 的短项链适合搭配低领上衣,50 cm 的中长项链可广泛使用,60 cm 的长项链适合使用在社交场合,女性在较为隆重的社交场合宜选择 70 cm 的特长项链。此外,项链的选择应与服装、自身条件相协调,价格并不一定是最重要的因素。

6. 围巾

围巾除了具有保暖的功效以外,更是一件装饰品。当服饰颜色过于平静时,可以通过一条挑眼的围巾在人群中脱颖而出,围巾的佩戴一定要考虑到是否与服装色彩相协调,如单色的上衣可以搭配单色或花色的围巾,而花色的上衣就只能搭配单色的围巾。它从款式上还可以分为长巾和方巾。

7. 戒指

戒指通常戴在左手上,且最好只戴一枚,若想多戴,可以戴在同一只手两个相邻的手指上,千万不要中间隔着一座"山",色泽要一致,而且当一枚戒指复杂时,另一枚一定要简单。国际上比较流行的戴法是表示未婚的戒指一般戴在左手食指上,表示恋爱中的戒指戴在左手中指上,而表示已婚的结婚戒指通常戴在左手无名指上,小指表示独身。花戒只起装饰作用,无论戴在哪里都不具备任何意义。

8. 手链、镯

手链或手镯能够起到美化手腕线条的作用,若是手部线条不美者应慎戴。

男女均可佩戴手链,手链应仅戴一条,并应戴在左手上。在一只手上戴多条手链,双手同时戴手链,手链与手镯同时佩戴是不允许的。手镯可以只戴一只,也可以戴两只。戴一只时,通常应戴于左手。戴两只时,可一只手戴一只,也可以都戴在左手上。应注意,手链、手镯与手表不应同戴于一只手上。倘若佩戴了项链,手链、手镯材质和颜色应与所戴项链同质同色,使人感觉协调统一。

9. 手表

在比较正规的场合佩戴手表能够使人感觉到较强的时间观念及细致认真的处事风格,它不仅可以用来计时,也能够成为装饰品。在众多类别的手表中,男士手腕上所佩戴的一块好表往往会引起人们的关注,它能够体现出身份、地位及相应的财富状况。

手表的选择应综合考虑其种类、造型及色彩等因素。

手表的种类主要依据价格进行分类,豪华表通常价格上万,如世界十大名表——百达翡丽、江诗丹顿、爱彼、宝玑、万国、伯爵、卡地亚、积家、劳力士、芝柏;2 000 元以上为高档表;500 元以上为中档表,以下为低档表。选择不同种类的手表应依据自身的经济状况,量力而行,还要考虑到露面的场合及从事的职业等。

手表的造型主要有圆形、椭圆形和方形等,若是正式场合,应选择庄重、简约的造型,一些卡通、新潮的造型只适合于儿童、少女,为保持职业形象应慎用。

手表的色彩有很多,但正式场合宜选择金色、银色及黑色这些最经典的颜色,且还要兼顾不同季节及所穿服饰的色彩,通常秋冬季选择金色的手表,而夏季选择银色的手表。

10.脚链

脚链一般只戴一条,且只限于青年女性,为发挥其应有的作用,应将其戴在丝袜外面,若是脚腕较为粗壮,建议不要使用,否则将会适得其反。

五、着装禁忌

现代社会要求文明着装,应避免一些不适当的着装行为,以下列出一些不同性别的着装禁忌以供参考:

(一)男士西装十忌

忌不系领带时仍扣着衬衫顶部的扣子;忌领带长度过长或过短;忌衬衫内穿高领内衣;忌不见衬衫领和袖口;忌西服袖口商标未除;忌穿多件羊毛衫;忌袜子穿着不当;忌口袋乱放重物;忌乱夹领带夹;忌扣子不当。

(二)女士着装六忌

忌过短、忌过紧、忌过露、忌过亮、忌过透、忌过杂。

项目四 仪态礼仪

◇ **学习目标**

掌握社交接待中的服务仪态及行为禁忌,掌握口头语言礼仪原则并训练良好的口头表达能力。

仪态礼仪

◆ 案例导入

案例 永远微笑服务

希尔顿于1919年把父亲留给他的1.2万美元连同自己挣来的几千美元投资出去,开始了他雄心勃勃的旅馆经营生涯。当他的资产从1.5万美元奇迹般地增值到5 100万美元的时候,他欣喜自豪地把这一成就告诉母亲,母亲却淡然地说:"依我看,你跟以前根本没有什么两样……事实上你必须把握比5 100万美元更值钱的东西:除了对顾客忠诚之外,还要想办法使住过希尔顿旅馆的人还想再来住,你要想出这样的简单、容易、不花本钱而行之久远的办法来吸引顾客。这样你的旅馆才有前途。"

母亲的忠告使希尔顿陷入迷惘:究竟什么办法才具备母亲指出的这四大条件呢?他冥思苦想不得其解。于是他逛商店串旅店,以自己作为一个顾客的亲身感受,得出了"微笑服务"这个准确的答案。它同时具备了母亲提出的四大条件。

从此,希尔顿实行了微笑服务这一独创的经营策略。每天他对服务员说的第一句话是:"你对顾客微笑了没有?"他要求每个员工不论如何辛苦,都要对顾客投以微笑。

1930年西方国家普遍爆发经济危机,也是美国经济萧条严重的一年,全美旅馆倒闭了80%。希尔顿的旅馆也一家接一家地亏损不堪,曾一度负债50亿美元。希尔顿并不灰心,而是充满信心地对旅馆员工说:"目前正值旅馆亏空、靠借债度日的时期,我决定强渡难关,请各位记住,千万不可把愁云挂在脸上,无论旅馆本身遭遇的困难如何,希尔顿旅馆服务员的微笑永远是属于顾客的阳光。"因此,经济危机中纷纷倒闭后幸存的20%的旅馆中,只有希尔顿旅馆服务员面带微笑。经济萧条刚过,希尔顿旅馆便率先进入了繁荣时期,跨入了黄金时代。

评析:众所周知的有美国"旅馆之王"之称的希尔顿,是世界上非常有名气的酒店业者,是国际酒店第一管理者,也是经营最长久的一个。从1919年至今,美国希尔顿旅馆从1家扩展到200多家,遍布世界五大洲的各大城市,成为全球最大规模的旅馆之一。近百年来,希尔顿旅馆生意如此之好,财富增加得如此之快,其成功的秘诀之一就在于服务人员微笑的魅力。

◆ 任务实训

任务1　微笑训练

微笑训练的实训安排如表1-4-1所示,微笑训练考核评分表如表1-4-2所示。

表1-4-1　微笑训练实训安排

要　素	内　　容
实训项目	微笑训练
实训时间	1课时
实训目的	让人变得更加美丽,和蔼可亲
实训要求	职业着装,整洁卫生,按实训程序要求训练
实训方法	每个人对着镜子反复练习
实训准备	礼仪实训室或每人准备一面镜子
实训流程	先个人练习,后同学互相纠正
实训操作标准	正确的做法是于镜子前面坐直上半身,反复练习最大程度地收缩与扩张。首先张大嘴使嘴周围的肌肉最大限度地伸张,能感觉到颚骨受到扩张的刺激,并保持这种状态10秒;然后闭上张开的嘴,收紧两侧的嘴角,使嘴唇在水平上处于紧张状态,继续保持10秒;接着在收紧嘴唇的状态下聚拢嘴唇,使其出现圆圆地卷起来的状态10秒。将这3步连续性的训练反复进行几次。然后用门牙轻轻咬住木筷子,嘴角两边都要翘起,并观察连接嘴唇两端的线是否与木筷子在同一水平线上,保持这个状态10秒,轻轻地拔出筷子,练习维持此状态
基本要求	保持好微笑状态,使笑容自然、美观

表 1-4-2 微笑训练考核评分表

考核内容	考 核 标 准	满分	实际得分
微 笑	保持好微笑状态,使笑容自然、美观。嘴角平齐,露出八颗牙	100	

任务 2 站姿训练

站姿训练的实训安排如表 1-4-3 所示,站姿考核评分表如表 1-4-4 所示。

表 1-4-3 站姿训练实训安排

要 素	内 容
实训项目	站姿训练
实训时间	1 课时
实训目的	自然、熟练地掌握站姿的基本要领,并养成良好的站姿习惯,纠正不良站姿
实训要求	严格按照仪态实训步骤进行练习,同时要求女生穿半高跟鞋进行练习,以强化训练效果
实训方法	1. 镜子练习法:面向镜子按照站姿标准进行训练和纠正,领会站姿要领 2. 靠墙练习法:个人靠墙站立,要求脚后跟、小腿、臀部、肩膀和后脑勺都紧贴墙面,训练学生整体的直立感和挺拔感。每次训练 15 分钟左右,至少练习两组(要求学生每天练习一次) 3. 踮脚尖练习法:个人靠墙站立或单手扶住某着力点,按照站姿标准进行踮脚尖训练,每组练习两至三次,每次垫 20 下,可训练学生立腰提臀的感觉 4. 顶书练习法:在头顶放一本书使其保持平衡促使人把颈部挺直、略收下巴、上身挺直,每次练习 15 分钟左右,至少练习两次 5. 采用以上训练方法时可以配上优美的音乐、放松心情,以减轻单调、乏味之感
实训准备	职业装、形体训练室(四面安装及地镜子),书籍,音乐播放设备,音乐歌曲备份
实训操作标准	基本要领:头正,颈直,肩平,下颌微收,双眼平视前方,面带微笑,双肩水平,挺胸,收腹,立腰,双腿与地面垂直,两手和两脚的摆放以具体站姿的不同而不同 男士站立时,双手可自然下垂放于体侧,中指压裤缝或两手相握至于体前及体后;双脚可微微张开呈"V"字步,也可两脚平行,但不得超过肩宽 女士站立时,双手可自然下垂放于体侧,中指压裤缝或两手相握至于体前及体后;双脚可微微张开呈"V"字步,也可呈"丁字步"
基本要求	动作规范,眼神专注,给人以端庄、优雅之感

表 1-4-4 站姿训练考核评分表

考核内容	考 核 标 准	满分	实际得分
基本站姿标准	1. 头部微微抬起,面部朝向正前方,双眼平视,下颌微微内收 2. 颈部挺直,双肩平正,微微放松,呼吸自然,腰部直立,上体自然挺拔,头部顶硬皮书不会滑落 3. 双臂自然下垂,处于身体两侧,手部虎口向前,手指自然弯曲,指尖朝下,中指压裤缝 4. 两腿立正,两脚跟并拢,双膝紧靠在一起 5. 两脚呈"V"状分开,两者之间相距 45~60 度 6. 注意提起髋部,身体的重量应当平均分布在两条腿上	60	

考核内容	考 核 标 准	满分	实际得分
站姿基本形式	侧立式、前腹式、后背式、丁字式	20	
不良站姿	身体歪斜、弯腰驼背、趴伏倚靠、双腿叉开、手位不当、脚位不当、浑身乱动、半坐半立	20	
总　分		100	

任务3　坐姿训练

坐姿训练的实训安排如表 1-4-5 所示,坐姿训练考核评分表如表 1-4-6 所示。

表 1-4-5　坐姿训练实训安排

要　素	内　容
实训项目	坐姿训练
实训时间	1 课时
实训目的	掌握坐姿的基本要领和不同场合坐姿,纠正不良坐姿
实训要求	严格按照仪态实训步骤进行练习,同时要求女生必须穿半高跟鞋进行练习,以强化训练效果
实训方法	1. 镜子练习法:面向镜子按照坐姿各项要领,着重脚、腿、腹部、胸、头、手等部位的训练,尤其注意入座、离座练习。每次练习 15 分钟并要求学生每天练习一次 2. 入座、离座练习:再学习标准坐姿基础之上,训练学生优雅大方地起座和落座,总结出入座、离座"七部曲"(男生"五部曲"),由老师示范,学生进行练习 3. 顶书练习法:为保证入座以及入座后身体保持平衡、挺直,可在训练时在头顶放一本书 4. 训练时可以配上优美的音乐、放松心情,以减轻单调、乏味之感
实训准备	形体训练室(四面安装及地镜子),靠背椅子若干,书籍,音乐播放设备,音乐歌曲备份
实训操作标准	1. 基本要领:上身挺直,头部端正,略收下颌,平视前方,面带微笑,立腰,不要靠椅背,只坐椅子的 2/3 2. 正坐式坐姿(男、女):两腿并拢,上身挺直坐正,小腿与地面垂直,两手放在双膝上,男士双腿可以略微分开但幅度小于肩宽 3. 交叉式坐姿:两腿前伸,一脚置于另一脚之上,在踝关节处交叉成前后交叉坐式,也可小腿后屈,脚前掌着地,在踝关节处交叉 4. 侧坐式坐姿(女士):坐正,双膝并拢,上身挺直,两腿同时向左或向右倾斜,双手叠放于大腿上 5. 交叠式坐姿(女士):两脚交叉或跷起一条腿在另一条腿上,应力求膝部之上的并拢,双腿斜放,与地面呈 45 度夹角为佳
基本要求	动作规范,眼神专注,给人以端庄、优雅之感

表 1-4-6　坐姿训练考核评分表

考核内容	考核标准	满分	实际得分
基本坐姿标准	入座时走到座位前,转身后把右脚向后撤半步,轻稳坐下,然后把右脚与左脚并齐 坐在椅上。上体自然挺直,头正 表情自然亲切,目光柔和平视,嘴微闭 两肩平正放松,两臂自然弯曲放在膝上,也可以放在椅子或沙发扶手上,掌心向下,两脚平落地面。起立时右脚先后收半步然后站起	50	
坐姿基本形式	标准式、前伸式、前交式、屈直式、侧点式、后点式、垂直式、侧挂式	30	
不良坐姿	坐时不可前倾后仰,或歪歪扭扭;两腿不可过于叉开,也不可长长地伸出去,不可高跷起二郎腿,也不可大腿并拢,小腿分开,或腿不停地抖动	20	
总　　分		100	

任务 4　走姿训练

走姿训练的实训安排如表 1-4-7 所示,走姿训练考核评分表如表 1-4-8 所示。

表 1-4-7　走姿训练实训安排

要　素	内　　容
实训项目	走姿训练
实训时间	1 课时
实训目的	掌握走姿的基本要领并形成正确的行走习惯,纠正不良走姿
实训要求	严格按照仪态实训步骤进行练习,同时要求女生必须穿半高跟鞋进行练习,以强化训练效果
实训方法	1. 直线练习法:在地上画一条直线,要求学生行走时双手掐腰,双脚踩在线上,按要求走出相应的步位和步幅;纠正行走时"内八字""外八字"、摆胯、扭腰等不良习惯;行走时结合音乐,有节奏地行走 2. 顶书练习法:头顶书本行走以平衡身体,可纠正学生行走时低头看脚、摇头晃脑、东张西望、脖颈不直以及弯腰弓背等不良习惯 3. 摆臂训练法:按标准站立,两腿不动,原地晃动两臂,要求前后自然摆动,掌心向内,摆幅大致为 30～40 度左右,可纠正行走时双臂横摆、同向摆动以及双臂摆幅不等等不良习惯 4. 镜子练习法:以上三种方法都面向镜子进行,可纠正不良表情及整体协调性 5. 训练时可以配上优美的音乐、放松心情,以减轻单调、乏味之感
实训准备	形体训练室(四面安装及地镜子),粉笔,书籍,音乐播放设备,音乐歌曲备份
实训操作标准	1. 步位:男士要求双腿交替行走在一条直线上,两脚尖略微外展;女士走"一字步",同样行走在一条直线上,脚尖正对前方 2. 步幅:两脚间距大致为一只脚的距离,但步幅应根据性别以及服装的不同而略微区别,男士步幅可略大,女士略小些 3. 步速:男士每分钟行走大致为 100～110 步;女士每分钟行走大致 110～120 步 4. 其他标准:行走时,上身正直不动,两肩水平不摇晃,两臂前后自然摆动
基本要求	动作规范,眼神专注,行走自然、轻盈给人以端庄、优雅之感

1

表 1-4-8 走姿训练考核评分表

考核内容	考 核 标 准	满分	实际得分
基本走姿标准	头正;肩平;躯挺;步位直;步幅适当	50	
不良走姿	没有内八脚、外八脚;不踮脚走路;不拖脚走路;不边走边整理衣物;不边走边吃东西;不把手放口袋里	50	
总 分		100	

任务 5 蹲姿训练

蹲姿训练的实训安排如表 1-4-9 所示,蹲姿训练考核评分表如表 1-4-10 所示。

表 1-4-9 蹲姿训练实训安排

要 素	内 容
实训项目	蹲姿训练
实训时间	1 课时
实训目的	掌握蹲姿的基本要领,纠正不良蹲姿
实训要求	严格按照仪态实训步骤进行练习,同时要求女生必须穿半高跟鞋进行练习,以强化训练效果
实训方法	1. 力量和柔韧性练习:通过压腿、踢腿、活动关节等方法以加强腿部膝关节、踝关节的力量和柔韧性的训练 2. 平衡和协调性练习:总结出下蹲"三部曲"由老师示范、学生练习的方法,不断重复下蹲的动作,以训练学生的身体协调性和平衡性,每组训练15~20次 3. 训练时可以配上优美的音乐、放松心情,以减轻单调、乏味之感
实训准备	形体训练室(四面安装及地镜子),粉笔,书籍,音乐播放设备,音乐歌曲备份
实训操作标准	1. 高低式蹲式(男、女):下蹲时,应左脚在前,左脚完全着地,右脚跟提起,右膝低于左膝,右腿左侧可靠于左小腿内侧,形成左膝高右膝低姿势;臀部向下,上身微前倾,基本上用左腿支撑身体;采用此式时,女士应双腿并紧 2. 交叉式蹲式(女士):下蹲时,右脚在前,左脚在后,右小腿垂直于地面,全脚着地;右脚往上,左腿在下交叉重叠;左膝从后下方伸向右侧,左脚跟抬起脚尖着地;两腿前后靠紧,合力支撑身体;上体微向前倾,臀部向下
基本要求	动作规范,眼神专注,给人以端庄、优雅之感

表 1-4-10 蹲姿训练考核评分表

考核内容	考 核 标 准	满分	实际得分
高低式蹲式(男、女)	下蹲时,应左脚在前,左脚完全着地,右脚跟提起,右膝低于左膝,右腿左侧可靠于左小腿内侧,形成左膝高右膝低姿势;臀部向下,上身微前倾,基本上用左腿支撑身体;采用此式时,女士应双腿并紧	50	
交叉式蹲式(女士)	下蹲时,右脚在前,左脚在后,右小腿垂直于地面,全脚着地;右脚往上,左腿在下交叉重叠;左膝从后下方伸向右侧,左脚跟抬起脚尖着地;两腿前后靠紧,合力支撑身体;上体微向前倾,臀部向下	50	
总 分		100	

1

◆ 相关知识

优雅的仪态、得体的举止总能带给人们美好的印象。社交场合中,应该严格要求自身的仪态举止。人们在日常生活中的表情和仪态行为,如站姿、坐姿、走姿、眼神和微笑不仅表达出个人的内涵、气质与素养,同时也传达出一个社会的文明程度。它是一种无声的"语言",但却又是内涵极为丰富的"语言",所带来的效应显而易见。正确的仪态规范礼仪要求表现出端庄、稳重、自然和热情。

无声语言又名态势语,主要通过面部表情、眼神、体态、手势等来传递信息,是有声语言的重要补充。人们对无声语言的依赖远远超出我们的想像,传播学认为,在人们所接受的来自他人的信息之中,45%来自于有声语言,而55%来自于无声语言。可见,无声语言在人际交往中起到重要作用,它不仅能够补充口语信息,还能够加强人们之间的信息沟通,有效地与有声语言一起表达人们的意向。但在社交场合无声语言的运用应注意自然、友好、得体与适度,若是使用不得当,不仅起不到交流信息、传达情感的作用,反而会引起一些不必要的批评与误会。

一、面部表情

面部表情主要包括微笑和眼神的运用,它们与体态语一样属于"非语言信息传播系统",科瑞尔曾说过:"脸反映出人们的心理状态""脸就像一台展示我们情感、欲望等一切心理活动的显示器",与肢体语言相比,面部表情更加直观、更加被人们形象地认识与理解。它可以超越地域文化的界限,是世界上公认的"语言",几乎没有差异性。

(一)微笑

微笑,是人类最基本的动作,是交际场合中一种最为常见的心情表达方式。微笑包含着丰富的内涵。一旦运用得当,即能向他人传递出恭谦、友善、真诚的态度。除了在极少数肃穆的场合要慎用微笑以外,其他任何时候都应善用微笑,如陌生人初次见面时的微笑能使人顿时感觉到热情友好,并有助于以后的人际交往;长辈对晚辈的微笑能使人感受到和蔼可亲,老朋友之间的微笑能体现出不忘旧情……微笑的妙用和魅力是人们颂之不绝的话题。作为旅游接待人员,应学会微笑,微笑是人的面部表情因双唇轻启、牙齿半露、眉梢上推、脸部肌肉平缓向上向后舒展而带来的一种效果,其国际标准是上排牙齿露出八颗,这样的微笑既端庄大方、不失稳重,又能带给客人宾至如归的感受,其效果实乃微妙。

那么,真正的微笑应具备哪些效果特征呢? 第一,要注意把持好微笑的尺度,恰到好处的笑容使人感觉到真诚、从容,若是在人际交往中突然放声大笑起来,势必令他人感到不安甚至莫名其妙。第二,微笑要发自内心,任何勉强发出的微笑都会令受众感觉牵强、敷衍,如果不和眼神、眉毛、面部肌肉一起完成微笑,势必使人们感觉到别扭和反感。

微笑是可以通过训练来做到的,目前许多旅游企业在培训服务接待人员的时候都

有微笑训练课程,目的是使员工尽快找到职业角色,使客人感觉温馨舒适。训练微笑的方法如下:

1. 放松嘴唇周围肌肉

放松是微笑练习的第一阶段。嘴唇肌肉放松可采用"哆来咪"的发音运动,即从低音哆到高音哆,低音来到高音来,低音咪到高音咪连续说清楚每个音,为了发音正确应注意嘴型。

2. 给嘴唇肌肉增加弹性

要形成自然的笑容,嘴角的作用不容忽视。为了使嘴角的移动更协调,应加强嘴唇周围的肌肉锻炼,使整体表情丰富。

正确的做法是于镜子前面坐直身体的上半部,反复练习最大程度地收缩与扩张。首先张大嘴使嘴周围的肌肉最大限度地伸张,能感觉到颚骨受到扩张的刺激,并保持这种状态10秒;然后闭上张开的嘴,收紧两侧的嘴角,使嘴唇在水平上处于紧张状态,继续保持10秒;接着在收紧嘴唇的状态下聚拢嘴唇,使其出现圆圆地卷起来的状态10秒。将这三步连续性的训练反复进行几次。然后用门牙轻轻咬住木筷子,嘴角两边都要翘起,并观察连接嘴唇两端的线是否与木筷子在同一水平线上,保持这个状态10秒,轻轻地拔出筷子,练习维持此状态。

3. 修正微笑

保持好微笑状态,并检查笑容是否自然、美观。常见的问题有:嘴角上升时会歪,这就需要利用木筷子进行训练,刚开始会比较难,只要坚持练习,就会不知不觉中两边一齐上升,形成老练的微笑;有些人笑时会露出牙龈,于是笑的时候没有自信,不是遮嘴就是腼腆地笑,不够大方。此时自然的笑容可以弥补露出牙龈的缺点,可通过嘴唇肌肉的训练来弥补、改善。

(二) 眼神

孟子有云:"存乎人者,莫良于眸子,眸子不能掩其恶。胸中正,则眸子瞭焉。胸中不正,则眸子眊焉。听其言,观其眸子,人焉廋哉。"主要意思是看人的眼神是看人内心的好办法。眼睛是心灵的窗户,在人类的五官眼、耳、口、鼻、舌中,眼睛占去人体感觉的70%以上,最为敏感。社交场合中人们的眼神受到文化的严格规范,即眼神礼仪的制约,如不加以重视,必会失礼。

眼神的运用应综合考虑注视对方的时间与角度。

时间主要相对于与对方交流的全部时间而言,如与对方交流时,注视对方的时间还不到相处时间的1/3时则表示瞧不起、不感兴趣;注视时间占全部相处时间的1/3时,表示对对方友好;若关注对方,注视时间可占相处时间的2/3;注视如果时间超过全部相处时间的2/3,有可能对对方抱有敌意或对对方本人产生兴趣。角度应理解为注视他人时目光所发出的方向,常规的注视角度主要有平视、仰视和俯视三种。平视适用于在社交场合与平辈的人进行交流,应运用眼神直视对方,这种目光的运用应看清对象,朋友之间应热情友好,目光和谐,如果关系亲密,亲切的注视可以有效地加深人们的情感,缩短人们之间的距离,但切忌盯视,若是陌生人,盯视是一种极不礼貌的行为,贸然使用会使人产生侮辱或遭挑衅,往往是被用作心理战的招数来使用的;仰视须抬头注视他人,表现出恭敬、尊重;俯视一般适用于长辈表达对晚辈的怜爱与关怀,倘若使用不当,也容易引起误会,成为对他人的轻蔑、瞧不起。任何情况下,都应避免使用不屑的、眯着的眼神,这是不符合礼仪道德的默然的语态,应忌用。

此外,运用眼神还要根据与对方的关系程度来确定注视的部位。如果视线停留在对方的前额为严肃注视,能使人感受到发出者的严肃的态度,通常领导找下属谈话用的就是这种眼神;视线停留在双眼与嘴之间的三角区为社交注视,被广泛运用于一般的人际交往中;视线停留在双眼与胸前之间的三角区为亲密注视,适合于关系亲密的朋友之间。在与他人交往时,不要注视对方的头顶、大腿、手部、脚部等,若是异性之间,注意不要注视到肩部以下,否则会被视为无礼。有教养、有素质的人们应善于控制好自己的情感,不轻易让它从眼神中流露出来,无时无刻不表现出落落大方、彬彬有礼的职业风度。

眼神的训练可通过眼部操来锻炼眼部肌肉的韧性,以求随心所欲表现出丰富多彩的眼神,具体操作方法如下:

(1)目光集中表示思考、认真;目光分散表示漠视、木讷;目光游离表示无聊、心不在焉;目光持续时间长表示深情、重视;目光持续时间短表示害怕、轻视。

(2)眼皮眨动快表示调皮、活泼、好奇;眼皮眨动慢表示沉稳、老练、可信。

(3)大开眼皮、大开瞳孔表示开心、好奇;大开眼皮、小开瞳孔表示愤怒、仇恨;小开眼皮、大开瞳孔表示快乐、欣赏;小开眼皮、小开瞳孔表示阴险、狡诈。

二、肢体语言

肢体语言分手势语与体态语两大类。社交场合中配合面部表情适当使用肢体语言能够增添人际魅力,为交际形象增辉。所以,要充分重视肢体语言的重要性,掌握并合理加以运用,使其发挥传情达意的作用。

(一) 用手势的注意点

"心有所思,手有所指",手的作用并不亚于眼睛,甚至可以把手说成是人的第二双眼睛。作为仪态的重要组成部分,应在人际交往中规范使用手势。手势所体现出的内涵比较丰富,传达出的感情色彩也微妙复杂,如见面时的招手、告别时的挥手、拒绝时的摆手等。手势有时成为谈话的一部分,可以加强我们语言的力量,丰富我们语言的色调,有时候手势也成为一种独立且有效的语言。手势的运用,不仅向人发出信息,还可以表现出使用者的喜怒哀乐。从礼仪上讲,手势的运用应遵循自然、简练、得体、协调的原则,正确手势的运用需要注意以下:

(1)手势宜少不宜多。不必每一句话都配上手势,因手势做得太多,就会使人觉得不自然。多余的手势,不仅起不到任何作用,反而容易给别人留下装腔作势、缺乏涵养的印象。

（2）要避免出现不文明的手势。在交际活动时，某些手势如当众搔头皮、掏耳朵、抠鼻子、咬指甲等会让人反感，严重影响社交形象。

（3）用手指指点他人的手势是不礼貌的，在任何情况下都不要用手指指点他人或用大拇指指自己的鼻尖，若谈到自己可用手掌轻按自己的左胸，给人端庄、大方、可信的感觉。

（4）掌心向上的手势比较诚恳、谦虚，而掌心向下的手势则不够坦率、缺乏诚意，所以人们在做介绍、为他人指示方向时，应该掌心向上，上身稍向前倾以肘关节为轴，以示恭敬、礼貌。

（5）手势还具有地域差异性，同一手势在不同国家或地区所表达的含义不尽相同，每种社会文化都有自己的"手势语言"，为了不闹出误会与笑话，应了解并掌握不同的手势含义，注意各国不同习惯，千万不可随心所欲，胡乱使用。

①"大拇指"手势。中国人竖起大拇指用来表示称赞、夸奖，而澳大利亚人则认为竖起大拇指是一个粗野的动作，尤其是横向伸出大拇指是一种污辱；在尼日利亚，对宾客伸出大拇指，表示对来自远方的友人的问候；在日本，这一手势表示"男人"、"父亲"；在韩国，表示"首领""父亲""部长"和"队长"；在美国、墨西哥、荷兰、斯里兰卡等国家，这一手势表示祈祷幸运；英国人跷起大拇指是拦车要求搭车的意思。

②"食指"手势。全世界也有许多民族使用这一手势，但表示的意思却千差万别。中国人向上伸食指表示数目；美国人使用这个手势让对方稍等；在法国，学生在课堂上向上伸出食指表示请求提问；新加坡人谈话时伸出食指表示所谈的是最重要的事；在缅甸，向他人求助需要使用这一手势；澳大利亚人在酒吧向上伸出食指，表示"请再来一杯啤酒"。

③"V"手势。在中国，"V"形手势表示数目"2"、"第二"或"剪刀"。在非洲国家，"V"形手势一般表示两件事或两个东西。在欧洲绝大多数国家，"V"形手势表示victory（胜利），传说是英国首相丘吉尔在一次游行检阅中使用了"V"形手势，此后这一手势便迅速流传开来。不过，做这一手势时要把手心朝外、手背朝内，在英国尤其要注意这点，倘若做手背朝外、手心朝内的"V"形手势则表示"滚开"，指伤风败俗的事。

④"OK"手势。"OK"的手势即将大拇指和食指构成一个圆圈，其他三指伸直。有"同意""赞扬""允诺""顺利"和"了不起"的意思。然而在法国南部、希腊、撒丁岛等地，它的意思恰好相反。在中国，这个手势表示数字"0"或"3"；在法国，表示"0"和"一钱不值"；在泰国，表示"没有问题"；在印度，表示"对""正确"；在荷兰，表示"正在顺利进行""微妙"；在日本、韩国、缅甸，表示"金钱"；在菲律宾，表示"想得到钱"或"没有钱"；在印度尼西亚，表示"一无所有""一事无成"。

（二）服务手势

服务接待业有几种常见的接待手势，分别是直臂式、横摆式、双臂横摆式和斜摆式。它们经常被用于服务过程，令使用者与感受者各自感受到服务的氛围与服务的专业性。

1. 直臂式

这种手势用于为客人指引较远的方向。具体做法是目视宾客,面带微笑,将五指伸直并拢,手心斜向上,曲肘由腹前抬起,向应到的方向摆去,摆到肩的高度时停止,肘关节基本伸直。应注意在指引方向时,身体要侧向来宾,眼睛则要兼顾所指方向和来宾,同时说:"这边请。"

2. 横摆式

这种手势用于为客人指引较近的方向。五指伸直并拢,手掌自然伸直,手心向上,肘作弯曲,腕低于肘。以肘关节为轴,手从腹前抬起向右摆动至身体右前方,不要将手臂摆至体侧或身后。头部和上身微向伸出手的一侧倾斜,另一手下垂或背在背后,目视宾客,面带微笑,同时说:"请进。"

3. 双臂横摆式

当来宾较多时,表示"请"的动作应该显得更大些,此时宜采用双臂横摆式。可说"诸位请",并将两臂从身体两侧向前上方抬起,两肘微曲,向两侧摆出。

4. 斜摆式

这种手势用于接待来宾并请其入座,即要用双手扶椅背将椅子拉出,然后左手或右手屈臂由前抬起,以肘关节为轴,前臂由上向下摆动,使手臂向下成一斜线,上体微微前倾,表示请来宾入座,同时说:"请坐。"

(三) 身姿

美国心理学家艾伯特·梅拉比安提出一个公式:信息的全部传达＝55％姿态＋38％声音＋7％语言,可见姿态在人际交往中所占的分量,举止行为是十分重要的,不管人们是否意识到,都是在用整个身体来表现自己,常见的身姿以站姿、坐姿、走姿及蹲姿为主。

1. 站姿

站姿是一个人全部仪态的根本点,是其他动态美的基础。其静态的造型动作给人印象"站如松",这说明良好的站立姿势应给人挺拔向上的感觉。交往中站姿的基本要领是:头正、肩平、臂垂、立腰、腿并,但男士与女士在站姿方面还有些差异。

男士站立应体现出潇洒、刚毅的风采。具体而言,站立时头要正,颈要直,双眼平视,面带微笑,两肩放松下沉,气沉于胸腹之间,自然呼吸,两手臂放松,自然下垂于体侧,也可以将双手叠握于腹前或相握于体后,双脚分开,与肩同宽或比肩略窄,将身体的重心放在两脚中间,挺胸收腹不斜肩。

女士在站立时则应体现出柔和、优雅的一面。下颌微收,双目平视前方,腹肌、臀大肌微收缩并上提,臀、腹部前后相夹,髋部两侧略向中间用力。脊柱、后背挺直,胸略向前上方提起。除了将上半身挺直以外,两腿并拢直立,腿部肌肉收紧,大腿内侧夹紧,髋部上提,双脚跟应靠拢在一起,张角 45°～60°,身体重心主要支撑于脚掌、脚弓之上,两只脚尖相距 10 cm 左右,呈"V"字步,亦可以一条腿为重心,一只脚的脚跟轻轻地靠在另一只脚的脚弓处,呈"丁"字步。双手的摆放也与男士不尽相同,要求四指并拢,虎口相握,最好右手搭在左手上置于体前小腹处。

一些不良的站姿,如弯腰驼背、双手插在裤袋里、双手交叉抱在胸前、歪倚斜靠、半坐半立等会无意中损害人们的社交形象,应注意避免。

2. 坐姿

文雅的坐姿给人稳重、自然、大方的感觉,和站姿一样,表现出的是个人的静态美,其造型动作给人印象"坐如钟",能够很好地展现出职业气质和风度。

正确的坐姿要求入座时要轻稳,走到座位前,转身后退,慢慢坐下。应至少坐满椅子的2/3,宽座沙发则至少坐1/2。如果是女性且衣着裙装,可将裙子稍稍拢起,以免坐下后衣裙皱压在一块显得不雅观。坐下后头部要保持平稳,目光平视前方,神态从容自如,脸上保持轻松和缓的笑容。身体重心应该垂直向下,腰部挺直,双肩平正放松,离座时要自然稳当,右脚向后收半步,而后站起。男士和女士对坐姿的要求有所不同。男士就座时,双脚平放于地,双膝应略微打开比肩略窄,双手分置于左右膝盖之上。而女士讲究就座时将双腿并拢,双手相叠置于大腿上。以下列出入座后的八种坐姿:

(1)标准式。男女皆有。这种坐姿的要求是:上身挺直,双肩平正,两臂自然弯曲,两手交叉叠放在两腿中部或扶手上,并靠近小腹,男士两脚自然分开成45度;女士两膝并拢,小腿垂直于地面,两脚保持小丁字步。

(2)前伸式。男女皆有。这种坐姿的要求是:在标准坐姿的基础上,两小腿向前伸出两脚并拢,脚尖不要翘。

(3)前交叉式。男女皆有。这种坐姿的要求是:在前伸式基础上,右脚后缩,与左脚交叉,两踝关节重叠,两脚尖着地。

(4)屈直式。男女皆有。这种坐姿的要求是:右脚前伸,左小腿屈回,大腿靠紧,两脚前脚掌着地,并在一条直线上。

(5)后点式。女士专有。这种坐姿的要求是:两小腿后屈,脚尖着地,双膝并拢。

(6)侧点式。女士专有。这种坐姿的要求是:两小腿向左斜出,两膝并拢,右脚跟靠拢左脚内侧,右脚掌着地,左脚尖着地,头和身躯向左斜。注意大腿与小腿要成90度,小腿伸直,显示小腿长度。

(7)侧挂式。女士专有。这种坐姿的要求是:在侧点式基础上,左小腿后屈,脚绷直,脚掌内侧着地,右脚提起,用脚面贴住左踝,膝和小腿并拢,上身右转。

(8)重叠式。男女皆有。这种坐姿的要求是:重叠式也叫"二郎腿"或"标准式架腿"等。在标准式基础上,两腿向前,一条腿提起,腿窝落在另一腿膝上边。要注意上边的腿向里收,贴住另一腿,脚尖向下,不要指向他人。

此外,应避免就座时勾腰驼背、前俯后仰、当众脱鞋、腿部抖动摇晃等,跷起二郎腿或将脚跨在椅子或茶几上都是很失礼的。

3. 走姿

走姿是站姿的延续动作，是在静态美的基础上表现出来的动态美，是一种运动之美。其实，我们每个人都会走，但并不是所有的人都能走出风度、走出优雅。古人云："行如风"，是说走路要像风一样轻盈，正确的走姿要求行走中，抬头挺胸，立腰收腹，目光平视前方，起步时身子稍向前倾，重心从中间移至前脚掌，脚尖向正前方伸出，双臂自然下垂，手指自然弯曲朝向身体，两臂以身体为中心，前后自然摆动。角度应适当，前摆约 30°，后摆约 15°，步幅适中，两脚的间距以一只脚长为宜，行走路线尽量保持平直。

走姿运用在不同环境下应有所区别，应加以认识：

（1）上下楼梯时，应遵循"右上右下"的原则，若与他人同行，不要并排行走，应将左边的急行道让给有急事的人，不要抢行，出于礼貌，应先请对方先走。如果需要陪同客人上下楼梯，上楼时应走在客人的后方，而下楼则应走在客人的前方。如果楼梯上来往的人较多时，不要停留在楼梯上交谈或悠闲漫步。

（2）陪同引导时，要采取一些特殊的体位，如微微欠身请对方行走。陪同人员应居于客人的左前方一米左右的位置，其行走的速度要充分考虑到对方，不要太快也不要太慢，如遇拐弯、楼梯、照明不佳的地方应注意提醒。

（3）进出电梯时，应侧身进出，以免碰撞他人，陪同人员应注意"先进后出"，可以方便控制电梯，如果电梯有专人驾驶，则应"后进后出"。电梯中遇有其他客人时，应主动问候，以礼相待。

（4）出入房间时，讲究"后进后出"的原则，也就是说当和客人一起出入房门时，为了体现出礼貌，应当请客人先进门、先出门，而自己后进门、后出门，在替其拉门时，还应注意使自己处于门边，以方便对方的进出。

行进中要坚决杜绝一些不良的步态，自觉克服不良的走姿。主要应注意以下几个方面：走路时，不要弯腰驼背，摇头晃脑，那样会显得没有精神。边行走边吸烟、吹口哨、嚼口香糖、左顾右盼等都是不良走姿，应加以注意。要自觉克服"内八字"和"外八字"的走路方式，因为这样走会显得十分做作或大摇大摆，严重的还会导致"X"形腿和"O"形腿。

4. 蹲姿

由于服务的需要，工作人员有时需要低处取物，这时如果不规范蹲姿而采取弯腰撅屁股的方式就显得非常失礼、不文明。正确的蹲姿应由站立的姿势转变为两腿弯曲、身体高度下降的姿势，上体尽量不弯曲，两腿合力支撑身体。优美的蹲姿要求体现出自然、得体、大方、不造作，主要存在以下三种方式：

（1）高低式。这种蹲姿在平日里使用最为广泛，且男士使用起来更为方便，其基本特征是双膝一高一低。要求下蹲时，双脚不在一条直线上，一脚在前，全部着地，小腿垂直于地面，一脚在后，脚掌着地，脚跟提起，后膝低于前膝，上身挺直，头腰齐平。女性使用这种蹲姿时应靠紧双腿。

（2）交叉式。这种造型优美雅致，适合于穿短裙的女士，具体要求是：下蹲时，右脚在前，左脚在后，右小腿垂直于地面，全脚着地；右腿在上，左腿在下，二者交叉重叠。左膝由后下方伸向右侧，左脚脚跟抬起，并且脚掌着地，两腿前后靠紧，合力支撑身体。

（3）半蹲式。此种姿态用于从地上取中低位的物品。如行李箱，可以走到箱子的一侧，上半身稍稍弯下少许，臀部向下，而不要翘起，物品在哪侧，就将身体的重心放在哪条腿上。

同样的，采用蹲姿仪态时也应避免不良的动作。例如，下蹲时不要弯腰、臀部忌向后翘起；有他人在身边时，下蹲后不要正面面对他人，也不要背对他人；不要蹲在椅子之上。

三、行为禁忌

要想在服务过程中赢得他人的尊重，塑造良好的服务形象，应严格注意自身的行为举止，讲究礼貌礼节。举止礼仪是自我心诚的表现，每个人的外在举止行动可直接表明他的态度。因此，平日里应该自觉规范，养成良好的习惯，克服各种不雅举止，讲文明、懂礼节，做到彬彬有礼、落落大方，遵守一般的进退礼节，尽量避免各种不礼貌、不文明习惯。为创造出一个和谐、美好的环境而共同努力，注意公共场合中的一些事项。

（1）对陌生人不要盯视或者评头论足。

（2）不要当着他人的面，擤鼻涕、掏耳朵、剔牙齿、修指甲、打哈欠、咳嗽、打喷嚏，实在忍不住，要用手帕捂住口鼻，面朝一旁，尽量不要发出声响。

（3）公共场合里，应避免大呼小叫、高声谈笑，这是一种极其不文明的行为。

（4）当看见客人时，应该点头微笑致意，如无事先预约应先向顾客表示歉意，然后再说明来意，同时应主动向在场的其他人都表示问候或点头示意。

（5）应避免在他人面前发出从身体内产生的各种异常的声音。公众场合不得用手抓挠身体的任何部位，如探脖等。

（6）参加正式活动前，不宜吃带有强烈刺激性气味的食物。

（7）不要乱丢果皮纸屑，公共场合不吃零食，也不要出于友好而逼着在场的人非尝一尝不可。

（8）女性服务人员勿当众化妆或补妆，人前化妆是男士们最讨厌的女性习惯。需要梳头、磨指甲、涂口红和化妆时，请到化妆间进行。

（9）要用积极的态度和温和的语气与顾客谈话，顾客谈话时，要认真听，回答时，以"是"为先。眼睛看着对方，不断注意对方的神情。

（10）在大庭广众之下，不要坐在桌上，也不要在他人的面前躺在沙发上。

这虽然是一些细节，但它们组合起来构成顾客对你的总印象，对一切公共场合的规则都应无条件地遵守和服从，这是最起码的职业公德。

项目五 礼仪语言

◇ **学习目标**

在日常生活和社交活动中,能正确使用礼貌用语,并形成习惯。

◆ 案例导入

案例一 小小车厢"大舞台"

"乘客朋友们,欢迎您乘坐49路红旗路线车,本次行程由我来为您提供服务……"30平方米的小小车厢回荡着全国劳动模范马卫星甜美动听的声音。一天上午,由马卫星当值的49路车路过华山医院时,一位老人准备上车,马卫星马上热情招呼道:"哎哟,老伯伯,您慢些走,我来搀扶您。"待把老人搀扶上车,她环顾四周,用颇为夸张的语调询问:"谁为这位寿星让个座,沾一分长寿的光?"顿时,好几位乘客同时起身让座。

一个闷热的下午,一位抱小孩的乘客上了车,座位上的乘客见状纷纷"闭目养神",小马从乘客手中抱过孩子,说:"大家看,这孩子长得多漂亮。"不少乘客睁开了眼睛。小马不失时机走到一位中年男子面前,说:"这位先生,孩子在叫您伯伯呢,您不想想抱抱她?"这位男子立刻起身让座。

马卫星同志就是在这样平凡的服务中,做出了不平凡的成绩。这正是:小小车厢暖人心,服务礼仪见真情。

评析:上述案例告诉我们,动员乘客让座仅仅有责任心是不够的,它还是一门服务艺术,这里既有恰到好处的动作要领和语言感染力,更有乘务员与整个车厢乘客之间、乘客与乘客之间的真情互动。

案例二 这位客人为何不满意

某天中午,一位下榻饭店的外宾到餐厅去用餐,当他走出电梯时,站在电梯口的一位女服务员很有礼貌地向客人点头,并且用英语说:"您好,先生!"客人微笑地回答道:"中午好,小姐。"当客人走进餐厅后,引领员讲了同样的一句话:"您好,先生!"那位客人微笑地点了一下头,没有开口。客人吃好午饭,顺便到饭店内的庭院去走走,当走出大门时,一位男服务员又是同样的一句话"您好,先生!"这时这位客人只是敷衍地点了一下头,已经不耐烦了。客人重新走进大门时,不料迎面而来的仍然是那个男服务员,又是"您好,先生!"的声音传入客人的耳中,此时客人已产生反感,默然地径直乘电梯回客房休息,谁知在电梯口碰见原先的那位服务员小姐,又是一声"您好,先生!"客人此时忍耐不住了,开口说:"难道你不能说一些其他的话同客人打招呼吗?"

◆ 任务实训

自我介绍的实训安排如表 1-5-1 所示，自我介绍考核评分表如表 1-5-2 所示。

任务　自我介绍

表 1-5-1　自我介绍实训安排

要　素	内　容
实训项目	自我介绍
实训时间	2 课时
实训目的	1. 促进理解沟通的意义 2. 了解有效沟通的方法要求 3. 能正确运用文明用语与人交谈 4. 掌握人际交往中的用语禁忌
实训要求	要求学生理解语言表达的重要性，掌握自我介绍时介绍的内容、神情、仪态、应掌握的时机等，同时了解介绍时的禁忌
实训方法	每位同学结合所学知识轮流向全班同学介绍自我
实训准备	应场景所需布置教室，学生角色到位
实训流程	1. 起立，走至讲台介绍自己，内容包括姓名与姓名文字解释、籍贯、价值观、爱好、最感触的一句话 2. 听众对他的自我介绍进行点评（好的地方、不足之处、启发借鉴）。按剧情称呼、握手、交流
实训操作标准	1. 语言表达流畅 2. 语言使用文明、礼貌 3. 介绍时手势运用恰当

表 1-5-2　自我介绍考核评分表

考核内容	考　核　标　准	满分	实际得分
语言表达	表达清晰、流畅，富有感染力	25	
礼貌用语	开场白的问候及结束时的道谢	25	
手势运用	能结合语言适当运用手势	25	
讲话内容	内容丰富、新颖生动	25	
总　　分		100	

◆ 相关知识

言谈是人际交往中最迅速、最直接的一种沟通方式。社交接待服务的过程，就是从问候宾客开始到告别宾客结束。礼貌语言是完成这一过程的重要手段。在交谈中通过语言的运用可以反映出一个人的文化素质、道德品质和思维能力。因此，在社交场合中,每个人都应学会使用准确、礼貌、文明的语言,避免使用模糊不清、不规范或不得体的语言,共同遵守语言规范而进行有效的交际。

一、语言表达的重要性

语言的使用,从一定程度上能够体现出一个人的素质、涵养,同时也反映出一个社会的文明程度。语言表达能力是接待人员必备的基本素质之一,虽然我们在不知不觉中会形成用语的不同习惯,但对于文明礼貌的要求始终不变。"良言一句使人笑,恶语半句使人跳",一句服务用语的好坏,既可以令宾客欢喜,又可以使客人大怒,其语言表达是否艺术会直接影响宾客的情绪。

我们在工作中应掌握语言艺术,自觉使用文明用语,这是衡量服务人员道德修养的重要标准。良好的语言表达具有优质高效的功能,旅游接待人员可通过看、听、想、说等方面来提高语言表达能力,它不仅可以有效地提高服务交际,还体现出服务的价值。中国有句俗话"一言兴邦,一言误国",就充分说明语言表达的重要性。为表现出对宾客的尊重,赢得宾客的好感,与客人建立好长久稳定的关系,一定要遵守语言规范,真正做到用语准确,讲究礼节,不卑不亢,只有这样才能符合礼仪要求,表现出得体的用语姿态。

二、礼貌用语

礼貌用语是人们在社会生活中约定俗成的用来表示恭敬、谦虚的专用语言,如与人相见说"您好"、问人姓氏说"贵姓"、问人住址说"府上"、初次见面说"久仰"、长期未见说"久违"、求人帮忙说"劳驾"、向人询问说"请问"、请人协助说"费心"、请人解答说"请教"、求人办事说"拜托"、麻烦别人说"打扰"、求人方便说"借光"、请改文章说"斧正"、接受好意说"领情"、求人指点说"赐教"、得人帮助说"谢谢"、祝人健康说"保重"、向人祝贺说"恭喜"、老人年龄说"高寿"、身体不适说"欠安"、看望别人说"拜访"、请人接受说"笑纳"、送人照片说"惠存"、欢迎购买说"惠顾"、希望照顾说"关照"、赞人见解说"高见"、归还物品说"奉还"、请人赴约说"赏光"、对方来信说"惠书"、自己住家说"寒舍"、需要考虑说"斟酌"、无法满足说"抱歉"、请人谅解说"包涵"、言行不妥说"对不起"、慰问他人说"辛苦"、迎接客人说"欢迎"、宾客来到说"光临"、等候别人说"恭候"、没能迎接说"失迎"、客人入座说"请坐"、陪伴朋友说"奉陪"、临分别时说"再见"、中途先走说"失陪"、请人勿送说"留步"、送人远行说"平安"等。

三、语言技巧

现实生活中,交谈是最为常见的一种生活现象,也是十分有意义的社交活动。语言运用效果的优劣,往往能够决定社交的成败及宾客的好感度,成功的谈话要求我们了解语言的特点及语言运用的艺术性。为了提高对客服务的水平,应掌握一些语言技巧,并灵活运用于工作、生活中。

(一) 文明使用语言

常用的文明用语包括"您好""请""谢谢""对不起""再见"等,日常工作中应对这些礼貌用语经常加以运用。

1. 问候语

"您好"是最常见的见面问候语。在人际交往中,无论是初次见面还是相识已久,都可以使用"您好"作为简单的见面问候语。其使用简约易行,但起到的作用却是不容忽视的。

2. 请托语

服务过程中,经常使用请托礼貌语——"请",硬生生地要求客人享受服务实在没有必要,多在语句前加上请托语则显得恭敬,必能在服务过程中赢得主动。

3. 致谢语

"谢谢"的使用能使宾客感受到真诚,也是一种肯定。无论在什么状况下,只要得到帮助、获得理解、蒙受关照都应以"谢谢"结尾。

4. 致歉语

服务的过程难免有失误,当给宾客造成麻烦、困扰、损失时,学会说"对不起"能表达出一定的歉意。客人前来投诉时,要懂得倾听,从客人的角度加以理解,千万不要急着辩解。

5. 道别语

"再见,欢迎您再次光临"是与人道别的常用语,在提供完服务,与人道别时常常使用。它不仅道出服务的完成状态,还体现出对宾客的恭敬之情与惜别之意。

(二) 交谈的技巧

1. 选对话题

交谈指两个或两个以上的人之间所进行的对话,它是人们彼此之间交流思想情感、传递信息、增进了解、建立友谊的一种重要形式。选择话题应注意对方的年龄、性别及文化层次,进行一般性的交谈时,可以有多个内容,也可以自由漫谈,但应该有的放矢,突出一定的主题。社交场合中,人们选择的话题应能引起双方的兴趣与共鸣,如文学、艺术、历史、社会、经济、哲学等高雅话题,或是时尚、流行、服饰、美容美发、影视作品、旅游观光、体育竞赛等休闲娱乐的话题。不一定要选择特别深奥的话题来体现知识层次,只要交谈双方均有兴趣、有研究的话题就可以选择,但要注意对方较为敏感、涉及个人隐私、恩怨一类的话题应避讳。与外宾交谈时,还要事先对其民族禁忌有所了解。

2. 认真倾听

在与对方交谈的过程中,不要总以自己为中心,要适时认真地倾听对方的想法与建议,并不断作出一些反应,如微笑、点头或说"是的""没错"等,以表示对说话人的重视,千万不要在倾听别人说话时,作出左顾右盼、经常看表等不耐烦的样子,如果总是突然打断对方的谈话且文不对题,则会非常失礼且让人感觉莫名其妙。

3. 言辞委婉

言辞委婉指的是用语力求含蓄、婉转、动听,并留有余地,不要直接陈述令对方感到反感的事。例如,在用餐期间要去洗手间,不宜直接说"我去上厕所",而应说"我去洗个手",或者"我去打个电话"。前来拜访的人停留时间过长,影响到本人,需要请其离开时,不宜直接说"你该走了""你待得太久了",而应当说"我不再占用你的宝贵时间了"。餐厅服务员给客人提供服务时,不要直接问客人"你要饭吗?",而换成"您好,请问还需要添些主食吗?"会比较好。

4. 学会礼让

人们在交谈中应懂得礼让对方,尊重对方,争取以对方为中心,由于交谈讲究双向沟通,千万不要一人独白只管自己尽兴,也要多给对方发言的机会,但也不要在交谈中走向另一个极端,从头到尾保持沉默,不置一词,从而使交谈冷场,破坏交谈的气氛。在别人发言时,尽量做到不插嘴、不打断,尤其是与陌生人交谈时更应注意,突然地插上一嘴,会打乱对方的思路,同时还给人喧宾夺主、自以为是的不好印象,如果确实需要发表个人的意见时,可待对方把话说完再讲也不迟。此外,还要注意与人交谈时,切忌对他人的意见直接否定和抬杠,如果对方所述内容无伤大雅,无关大是大非,千万不要当面否定,使对方下不来台,对于对方的谈话内容,如不触犯法律、不辱没人格、不违背道德等,就没有必要确认其对错,甚至与人争辩,强词夺理,自以为正确,非争个面红耳赤等,都是不雅的行为。

四、语言禁忌

人际交往中,人们出于某种原因不能、不敢或不愿说出某些词语,这些词语有些被认为危险、神圣,有些被认为不堪入耳,还有的令人难堪,它们统统被称为语言禁忌。这些禁忌具有民族性,是一种民俗现象,要受到民族经济、民族信仰、社会结构等因素的制约,同时又具有共同性,这是各民族经历的生活方式和社会形态大致相同的缘故。

(一) 词语禁忌

交谈中,一定要使用文明优雅的词汇,以下类别的语言不宜出现在交谈之中。

1. 亵渎语

亵渎语主要包括脏话、粗话、气话、骂人的话等,这些语言的使用十分低级,不仅有失身份,还难以与他人进行深入的沟通。

2. 猥亵语

这类词语主要包括关于人的身体、生理现象及性行为等,猥亵语普遍按照全社会的传统习惯加以避讳,如"大小便""月经"等人们经常会用到的词汇,有描述这些事物的委婉用语,如"月经"被说成是"例假""月事"等。

3. 凶祸语

人们在心理上都敬畏疾病或死亡,所以就有了语言上的忌讳,如谈及死亡时,通常会用"谢世"、"牺牲"等来代替,遇有疾病时,也衍生出许多委婉的词汇,如"不适"、"意外事件"等。

(二) 交谈十忌

1. 忌自我炫耀

交谈中,过分炫耀自己的长处、成绩很容易使别人讨厌你,适当夸张一下倒不算什么,千万不要或明或暗拐弯抹角地为自己吹嘘,以免使人反感。

2. 忌心不在焉

听别人讲话时,神态要专注,表情要自然,适当地注视对方是有必要的,不要左顾右盼,或面带倦容、连打呵欠;边交谈边做些与谈话内容不相关的事情也是不得体的,应加以注意。

3. 忌随意插嘴

在倾听他人讲话的时候要认真耐心,不要轻易打断别人的话。即使想发表自己的意见,也要等对方把话讲完再说。

4. 忌冷落他人

谈话时若不止两人,应注意不要冷落他人,要不时地与其他人都攀谈几句。如果总是谈只有两个人知道的事情,且喋喋不休,会给他人一种疏远的不好感受。

5. 忌搔首弄姿

与人交谈时,姿态要自然得体,手势要恰如其分。除非确实需要用手势来加强语气,否则切不可指指点点,挤眉弄眼,手脚乱晃,给人以轻浮或缺乏教养的印象。

6. 忌探问隐私

谈话中不应涉及对方收入、履历、财产、东西的价格等,对于女性的年龄与婚姻状况也不要提及,以免给人造成多事、不道德的感觉。

7. 忌挖苦嘲弄

要使谈话气氛令人愉悦,要避免谈论容易引起争执的话题,当别人在谈话时出现了失误,千万不要嘲笑,特别是在人多的场合尤其不可,否则会伤害对方的自尊心。

8. 忌沉默寡言

由于性格内向或以为学问不如人时,在社交场合会很少说话,这种太过于沉默的习惯会严重影响社会交往,甚至会使别人误认为你是个高傲的人,应该设法突破这一障碍,打破沉默。

9. 忌故弄玄虚

原本很通常的事,有些人就是喜欢在讲述过程中有意"加工"、卖"关子",搞得神乎其神、时惊时惶、时断时续,让人捉摸不透,如此一来,是很让人反感的。

10. 忌居高临下

不管你身份多高,背景多硬,资历多深,在与人交谈时都应放下架子,平等交谈,体现出谦虚的态度,切不可给人以"高高在上"的感觉,令人生厌。

◆ 综合实训

个人礼仪综合展示

个人礼仪综合展示的实训安排如表 1-6-1 所示,个人礼仪展示考核评分表如表 1-6-2 所示。

表 1-6-1 个人礼仪综合展示实训安排

实训项目	个人礼仪综合展示
实训时间	2 课时
实训目的	1. 理解无声语言的作用 2. 掌握标准的站姿、坐姿、走姿、蹲姿 3. 掌握表情、眼神、手势语等体态语的正确使用;能正确运用微笑、眼神及肢体语言表达服务态度 4. 了解不良的站姿、坐姿、走姿、手势及蹲姿的纠正方法,掌握人际交往中的举止禁忌,以提升职业形象
实训要求	掌握要领进行正确的站姿、走姿、坐姿及蹲姿的操练;会正确使用微笑、眼神及各种手势等体态语。要求学生通过此实训能够大方应对人际交往,娴熟自信地表现出面部表情及肢体语言,自觉规范言行举止并树立正确的职业公德。
实训方法	以学生熟练掌握标准的站姿、坐姿、走姿、蹲姿及了解表情、眼神、手势语等的正确使用及其他礼仪规范的正确运用为核心,讲授步骤要领并示范: 1. 标准的站姿、坐姿、走姿、蹲姿的教师示范及学生分组分步骤练习,男女生互相评判站姿、坐姿、行姿及蹲姿仪态 2. 对镜进行表情、眼神、手势语等的正确使用练习,然后使用文字表情卡片,让同学表演并猜测其表情类型
实训准备	物品准备:职业正装、镜子、表情文字卡片、木筷子、椅子等 场地准备:旅游实训楼形体实训室
实训流程	1. 将全班同学各分为 6 个小组进行组与组之间的竞赛 第一环节——竞猜表情 六组中各派两名代表进行比赛。两位同学 A、B 相对而站,老师拿一张文字卡片给 A 同学看,要求其对 B 同学作出卡片上的表情,B 同学将表情类型说出。共十组表情,每说对一组加 10 分,学生评委记分 (表情类型如微笑、撇嘴、发呆、得意、流泪、害羞、闭嘴、大哭、尴尬、发怒、调皮、龇牙、惊讶、难过、酷、冷汗、抓狂、吐、可爱、偷笑、白眼、傲慢、饥饿、困、惊恐、流汗、憨笑、疑问、晕、折磨、衰、糗大了、坏笑、哈欠、鄙视、委屈、快哭了、阴险、吓、可怜、激动、怄气、发抖等) 第二环节——仪态展示 六组中各派男女生两名展示仪态,各组之间可以相互找出问题,老师点评,若找错确实应扣分,学生评委记分 第三环节——知识抢答 六组中各派一名选手进行知识抢答,内容涉及手势礼仪与举止禁忌,答对一题加 10 分,学生评委记分 2. 将每一位同学的表情拍下,制作"表情墙"
实训操作标准	1. 能根据不同的场景正确运用站姿、坐姿、走姿、蹲姿,仪态端庄、稳重,能避免常见的仪态错误 2. 能根据不同的场景熟练得体使用微笑、各种手势及眼神等体态语 3. 正确掌握不同手势的含义及不同国家手势的差异性

表 1-6-2　个人礼仪展示考核评分表

考核内容	考 核 标 准	满分	实际得分
眼　　神	自然、友好	10	
微　　笑	富有亲和力	10	
站　　姿	头正、肩平、臂垂、立腰、腿并	10	
坐　　姿	稳重、自然、大方，表现出个人静态美	10	
走　　姿	抬头挺胸，立腰收腹，目光平视前方，起步时身子稍向前倾，重心从中间移至前脚掌，脚尖向正前方伸出，双臂自然下垂，手指自然弯曲朝向身体，两臂以身体为中心，前后自然摆动	10	
蹲　　姿	自然、得体、大方、不做作	10	
递接物品	恭谦、礼貌、得体	10	
引领手势	正确展示直臂式、横摆式、双臂横摆式及斜摆式等服务手势	10	
不同手势的含义及不同国家手势的差异性	掌握"大拇指"手势、"食指"手势、"V"形手势、"OK"手势在不同国家的不同含义	20	
总　　分		100	

模块二 交往礼仪

项目一 电话礼仪

◇ **学习目标**

    熟悉电话礼仪,掌握接听、转接、拨打电话的礼仪和技巧。

电话礼仪

◆ **案例导入**

案例 "你的声音听上去太硬……"

    今年五月,李小姐因为身体的原因从楼层客房服务调到了客房服务中心工作。初来客房服务中心时,李小姐想自己在楼层工作五六年了,而客房服务中心也是客房部的,应该没什么问题。谁知,没多久主管就找我谈话了,非常委婉地对我说:"客房服务中心虽然只有简单的三部电话,但却像窗口一样反映了整个客房部的精神面貌,声音的把握和调节非常重要。你的声音听上去太硬、太直了,回去调整一下好吗?"

    初听主管的话,我心里还挺疑惑,觉得不可能吧? 但回到家后,我用手机把声音录下来听了一下,天哪! 竟有一些"大老爷们儿"的感觉。知道自己的问题后,我就在业余时间利用手机录音,不停地练习与调整。慢慢地,我从中总结出了一些心得:如果音调过高,会给人不成熟及情绪冲动的印象;声音太弱,会给人不肯定的感觉;语速过快,会降低人们的重视程度;发出呼吸声,会让人有不稳重的感觉;粗声粗气,会给人粗俗之感;语调末尾上升会给人信心不足、恳求他人的感觉;声音颤动会让人误以为你紧张或害羞。而要想克服以上的问题,就要注意:音调适中,不可过高或过低;声音浑厚,不要很轻柔;说话清晰,要毫不含糊;要有节奏感,不单调。

    当把这些心得运用到工作中后,李小姐再去询问主管的意见,从主管的微笑中,她已知道了答案。

◆ 任务实训

电话服务礼仪的实训安排如表 2-1-1 所示,电话服务礼仪考核评分表如表 2-1-2 所示。

任务　电话服务礼仪

表 2-1-1　电话服务礼仪实训安排

要　　素	内　　容
实训项目	电话服务礼仪
实训时间	1 课时
实训目的	掌握电话服务的基本礼仪和技巧
实训要求	严格按照实训规范要求进行
实训方法	教师示范→教师讲解→学生分组练习→教师指导→学生分组再练习→教师考核(4 人/组)
实训准备	办公室,办公台、电话机若干
实训操作流程	接听电话训练→拨打电话训练
实训操作标准	1. 接听电话训练 (1) 接听电话,必先使用问候礼貌语言"您好",随后报出自己所在单位:"这里是×××"; (2) 在通话过程中,发声要自然,忌用假嗓,音调要柔和、热情、清脆、愉快,音量适中,带着笑容通话效果最佳; (3) 认真倾听对方的讲话内容。为表示正在专心倾听并理解对方的意思,应不断报以"好""是"等话语作为反馈; (4) 重要电话要作记录; (5) 接到找人的电话应请对方稍等,尽快去叫人;如果要找的人不在,应诚恳地询问"有事需要我转告吗"或"能告诉我您的电话号码,等他回来给您回电话,好吗"; (6) 接听电话时,遇上访客问话,应用手势(手掌向下压压,或点点头)表示"请稍等"; (7) 若接听的是邀请电话或通知电话,应诚意致谢; (8) 通话完毕,互道再见后,应让打电话者挂机,自己再放听筒; 2. 拨打电话训练 (1) 打电话前,应准备好打电话的内容,电话接通后应简单扼要地说明问题,不要占用太长的通话时间; (2) 如通话时间可能较长,应首先征询对方是否现在方便接听; (3) 当对方已拿起听筒,应先报出自己的所在单位和姓名。若对方回应时没有报出他们所在单位和姓名,可询问:"这里是×××吗?"或"请问你是×××吗?"对方确认后,可继续报出自己打电话的目的和要办的事; (4) 在通话过程中,发声要自然,忌用假嗓,音调要柔和、热情、清脆、愉快,音量适中,带着笑容通话效果最佳; (5) 认真倾听对方的讲话内容。为表示正在专心倾听并理解对方的意思,应不断报以"好""是"等话语作为反馈; (6) 打给领导者的电话,若是秘书或他人代接,应先向对方问好,后自报职务、单位和姓名,然后说明自己的目的;若领导人不在可询问或商议一下再打电话的时间

表 2-1-2 电话服务礼仪考核评分表

考核内容	满分	实际得分
仪容仪表	10	
面部表情（眼神）	10	
姿　态	10	
语　音	10	
语　调	10	
语　速	10	
语言规范	20	
操作规范	20	
总　分	100	

◆ 相关知识

一、接听电话礼仪

（一）接听电话流程

接听电话的流程如图 2-1-1 所示。

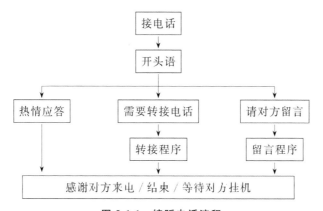

图 2-1-1 接听电话流程

（二）接听电话礼仪

接听电话要注意以下一些礼仪：

（1）及时接电话。电话铃响了，要及时去接，不要怠慢，更不可接电话就说"请稍等"，搁下电话半天不理人家。如果确实很忙，可表示歉意，说："对不起，请过十分钟再打过来，好吗？"

（2）主动自报家门。自报家门是一个与人方便、自己方便，且节约时间、提高效率的好方式。

（3）认真听对方说话。接电话时应当认真听对方说话，而且不时有所表示，如"是""对""好""请进""不客气""我听着呢""我明白了"等，或用语气词"唔""嗯""嗨"等，让对方感到你是在认真听。

（4）如果使用录音电话，应事先把录音程序编号，把一些细节考虑周到。不要先放一长段音乐，也不要把程序搞得太复杂，让对方莫名其妙，不知所措。

（5）如果对方打错了电话，应当及时告知，口气要和善，不要讽刺挖苦，更不要表示出恼怒之意。

（6）在办公室接电话声音不要太大。接电话声音太大会影响其他人工作，而且对方也会感觉不舒服。

（7）替他人接电话时，要询问清楚对方姓名、电话、单位名称，以便在接转电话时为受话人提供便利。

（8）如果对方没有报上自己的姓名，而直接询问上司的去向，应礼貌、客气地询问对方的情况。

（9）在电话中传达有关事宜，应重复要点，对于号码、数字、日期、时间等，应再次确认，以免出错。

（10）挂断电话前的礼貌不可忽视，要确定对方已经挂断电话，才能轻轻挂上电话。

二、转接电话礼仪

转接电话要注意以下一些礼仪：
（1）问对方是否愿意等待转接并解释转接原因。
（2）对方接受转接，感谢对方等待，同时转接电话。
（3）对方不愿意等候，请对方留言。
（4）电话留言程序：①请对方留言；②写下留言；③检验留言的准确性。

三、拨打电话礼仪

拨打电话要注意以下一些礼仪：
（1）拨打前：①时间与时机的选择得当；②选择明确的谈话对象，重要的内容应在打电话之前用笔写出。
（2）接通后：①对相识的人，简单问候即谈主题；②对不相识的人，先讲明自己的身份、目的，再谈问题；③使用"您好""请""对不起"等礼貌用语。
（3）拨打中：①表达全面、简明扼要；②谈论机密或敏感话题时，电话接通后要先问对方谈话是否方便；③交谈中如有事情需要处理，要礼貌告知对方，以免误解，未讲清的事情要再约时间并履行诺言。
（4）情况处理：①如所找对象不在，应委托他人简要说明缘由，主动留言，留下联系方式和自己的姓名；②记住委托人的姓名并致谢。

四、手机礼仪

随着手机的日益普及,无论是社交场合还是工作场合不合礼仪地使用手机,已经成为礼仪的最大威胁之一,手机礼仪越来越受到关注。在国外,如澳大利亚电讯的各营业厅就采取了向顾客提供"手机礼节"宣传册的方式,宣传手机礼仪。

(1) 公共场合特别是楼梯、电梯、路口、人行道等地方,不可以旁若无人地使用手机。

(2) 在会议中、和别人洽谈的时候,最好的方式还是把手机关掉,起码也要调到震动状态。这样既显示出对别人的尊重,又不会打断发言者的思路。而那种在会场上铃声不断,并不能反映你"业务忙",反而显示出你缺少修养。

(3) 在一些场合,比如在电影院或剧院打手机是极其不适合的,如果非得回话,或许采用静音的方式发送手机短信比较适合。

(4) 在餐桌上,关掉手机或是把手机调到震动状态还是必要的。

(5) 无论业务多忙,为了自己和其他乘客的安全,在飞机上都不要使用手机。

(6) 使用手机,特别是在公共场合,应该把自己的声音尽可能地压低一下,决不能大声说话,以赢取路人的关注。

(7) 在一切公共场合,手机在没有使用时,都要放在合乎礼仪的常规位置。无论如何,都不要在并没有使用的时候放在手里或是挂在上衣口袋外。

(8) 放手机的常规位置有:一是随身携带的公文包里(这种位置正规);二是上衣的内袋里。

(9) 有时候,可以将手机暂放腰带上,或是开会的时候交给秘书、会务人员代管,也可以放在不起眼的地方,如手边、背后、手袋里,但不要放在桌上。

(10) 手机短信越来越广泛地使用,使得它也成为手机礼仪关注的焦点。在一切需要手机震动状态或是关机的场合,如果短信的声音此起彼伏,那么和直接接打手机又有什么区别? 所以,在会议中、和别人洽谈的时候即使用手机接收短信也要设定成震动状态,不要在别人能注视到你的时候查看短信。一边和别人说话,一边查看手机短信是特别不礼貌的行为。

(11) 在短信的内容选择和编辑上,应该和通话文明一样重视。因为你发了短信,意味着你赞同至少不否认短信的内容,也同时反映了你的品位和水准。所以不要编辑或转发不健康的短信。

项 目 二　见 面 礼 仪

◇ **学习目标**

了解见面礼仪的具体内容,掌握称谓礼仪和问候礼仪、握手礼仪、名片礼仪。

见面礼仪

◆ 案例导入

案例一　"大哥"不能随便叫

老张在小区已经住了二十多年了,一直以来和门卫小王的关系处得特别好,平时进出小区大门时,小王都对老张以张哥相称,老王也觉得这个称呼很亲切。这天老张陪同来自香港的几位朋友一同进入小区,小王见到老张一行人,又热情地打招呼道:"张哥好! 几位大哥好!"谁知随行的几位香港朋友异常诧异,其中还有一位面露不悦之色。

思考:小王如同往常一般的问候,对方为什么会出现不同反应呢?

案例二　跨越大洋的握手

1972 年 2 月 21 日,原美国总统尼克松在和中国没有建立外交关系的情况下,到中国进行友好访问。周恩来到机场迎接。当他们的手握在一起时,周恩来微笑着说:"你把手伸过了世界上最辽阔的海洋来和我握手。"中美关系开始走上了正常化的道路。一次不寻常的握手实现了中美"两国领导人横跨太平洋的历史性握手",它标志着"一个时代结束了,另一个时代开始了"。

思考:一次看似寻常的握手为什么会带来如此非比寻常的意义呢?

案例三　聊家常也需守礼仪

有一次金教授到一个朋友家里去做客,男女主人忙着为宾客准备晚宴,于是大家坐在客厅聊家常。不知不觉聊到了职业的问题,子女报考大学报专业的问题。其中有一位四五十岁女同志正巧坐在金教授边上,他女儿今年马上考大学了,大家都在出谋划策讨论选择什么专业比较好。有个朋友也认识金教授,比较热情就说:"你家姑娘要可能的话报个师范专业或者报个能够当大学老师的这种专业好,既有社会地位又有教养,而且作为女同志来讲还不累,收入还可以。"没想到另一个女同志听了半天之后就说,"我们家孩子当什么都行,就是不当老师,老师多辛苦啊,你看那教授,教授教授,越教越瘦的。"说完了之后,顿时现场气氛尴尬不已,好些人的目光都齐刷刷地朝向坐在她旁边的金教授身上。很显然,这位女同志并不知道坐在她身边的就是一位大学教授,还傻傻地问道:"您是干什么的?"金教授尴尬地说:"我就是你说的那个越教越瘦的。"

请思考:尴尬局面出现的原因是什么呢?

案例四　小林的迷茫

小林是某饭店商务楼层 8 楼的值台服务员,一天中午,电梯门"叮当"一声打开,走出两位西装革履的客人,小林立刻迎上前去,微笑着说:"先生,您好!"她看过客人的房卡,然后接过他们的行李,一边说:"欢迎入住本饭店,请跟我来。"一边领他们走进客房,随手给他们泡了两杯茶放在茶几上,说道:"先生,请用茶。"接着她又用手示意,一一介绍客房设施设备:"这是空调开关,这是网线……"这时,其中一位客人用粤语打断她的话说:"知道了。"但小林仍然继续说:"这是小冰箱,里面有……"未等她说完,另一位客人又掏出钱包抽出一张面值 10 元的港币不耐烦地给她。这时,小林愣住了,一片好意被误解了,她红着脸对客人说:"对不起,先生,我们不收小费,谢谢您! 如果没有别的事,那我就告退了。"说完便退出房间。

此刻小林实在想不通:自己按服务规程给客人耐心介绍客房设施设备,为什么会不受客人欢迎呢?

评析:乍一看此案例,小林按服务规范给客人介绍客房设施设备,好像没有错。但是,服务规程需因人而异、灵活运用,对服务分寸的掌握也有适度的问题。这样来看,小林对两位香港客人的服务确有欠妥之处。将客房的常用设备设施详细介绍给租住档次较高客房的客人,是多此一举,特别是当客人已显出不耐烦时,还继续介绍,很容易让客人误解服务员是变相索要小费,而引起客人的不满和反感。

◆ 任务实训

任务 1 问候礼仪训练

问候礼仪训练的实训安排如表 2-2-1 所示,问候礼仪考核评分表如表 2-2-2 所示。

表 2-2-1 问候礼仪训练实训安排

要　素	内　容
实训项目	问候礼仪训练
实训时间	1 课时
实训目的	通过分角色扮演,掌握日常见面的各种问候礼节,包括语言问候和行为问候,重点把握握手礼、鞠躬礼的训练,使之成为生活习惯
实训要求	将学生分成若干小组,让学生自编情景剧,演示商务交往中的称呼、语言问候、握手、鞠躬等环节,评出"最佳表演奖"
实训方法	角色扮演分组实训
实训准备	场景布置,人员定角,道具准备等
实训流程	按剧情称呼、握手、问候、交流
实训操作标准	称呼、问候、握手、鞠躬、介绍、交流、站姿、坐姿、走姿、语言礼仪等内容符合剧情

表 2-2-2 问候礼仪考核评分表

考核内容	考　核　标　准	满分	实际得分
称呼礼	正确称呼	20	
问候礼	规范用语;问候顺序	20	
鞠躬礼	姿势;鞠躬的深度视受礼对象和场合而定	20	

续　表

考核内容	考核标准	满分	实际得分
握手礼	姿势；握手的顺序	20	
语言表达	语言表达准确、规范，语音清晰，语速适中，表达流畅有条理，逻辑性强，同时具有生动性和趣味性。失误1处减1分	5	
举止得体	体姿语、表情语运用恰当、正确，做到举止端庄。失误1处减1分	5	
应变能力	情境表演中意外出现的失误能及时处理。失误1处减1分	5	
团队合作	团队中每位同学均参与。少1位学生参与减1分	5	
总　分		100	

任务2　握手礼仪训练

握手礼仪训练的实训安排如表 2-2-3 所示，握手礼仪考核评分表如表 2-2-4 所示。

表 2-2-3　握手礼仪训练实训安排

要　素	内　容
实训项目	握手礼仪训练
实训时间	1课时
实训目的	通过分角色扮演，掌握日常见面的各种问候礼节，包括语言问候和行为问候，重点把握对握手礼、鞠躬礼的训练，使之成为生活习惯
实训要求	严格按照礼仪操作规范进行练习
实训方法	将学生分成若干小组，让学生自编情景剧，演示商务交往中的称呼、语言问候、握手、鞠躬等环节，评出"最佳表演奖"
实训准备	应场景所需布置教室，人员角色到位
实训流程	按剧情称呼、握手、交流
实训操作标准	1.姿势：两人相距一步左右，上身略微前倾，各自伸出右手，掌心向内，四指并拢，大拇指张开与对方相握，轻轻上下晃动几下 2.顺序：女士与男士、年长者与年幼者、上级与下级、已婚与未婚，应由前者先伸手，后者再相握 3.时间：一般情况，3～5秒为宜 4.力度：一般性礼节握手，两手稍稍用力
基本要求	动作规范、眼神专注、态度真诚、不可敷衍、应付，同时伴随相应的问候语

表 2-2-4　握手礼仪考核评分表

考核内容	考核标准	满分	实际得分
仪容仪表	面部表情,服装得体	20	
姿　势	操作规范,动作协调	20	
顺　序	正确	20	
时　间	每位握手 3～5 秒	20	
力　度	适中	20	
总　分		100	

任务3　鞠躬礼仪训练

鞠躬礼仪训练的实训安排如表 2-2-5 所示,鞠躬礼仪考核评分表如表 2-2-6 所示。

表 2-2-5　鞠躬礼仪训练实训安排

要　素	内　容
实训项目	鞠躬礼仪训练
实训时间	1 课时
实训目的	通过分角色扮演,掌握日常见面的各种问候礼节,包括语言问候和行为问候,重点把握对握手礼、鞠躬礼的训练,使之成为生活习惯
实训要求	严格按照礼仪操作规范进行练习
实训方法	将学生分成若干小组,让学生自编情景剧,演示商务交往中的称呼、语言问候、握手、鞠躬等环节,评出"最佳表演奖"
实训准备	应场景所需布置教室,人员角色到位
实训流程	按剧情称呼、握手、鞠躬
实训操作标准	1. 姿势:两人相距约两到三步之远,以腰部为轴心,上身向前倾斜,目光随着身体的向前倾斜由平视前方而下落至自己脚前约 1.5 m 或 1 m 处,男士双手置于身体两侧,女士双手交叠于小腹前 2. 一般性的打招呼、问候——15° 迎客表示欢迎时——30° 送客表示欢送时——45°或 60° 称呼、问候、握手、动作协调,介绍、交流、站姿、坐姿、走姿、语言礼仪等内容符合剧情 3. 动作规范、面带微笑、热情专注,能根据不同情形采用不同鞠躬方式,并且伴随不同问候语

表 2-2-6　鞠躬礼仪考核评分表

考核内容	考核标准	满分	实际得分
仪容仪表	面部表情,服装得体	20	
姿　势	操作规范,鞠躬到位	50	
举止优雅	动作协调性	30	
总　分		100	

任务4   介绍礼仪训练

介绍礼仪训练的实训如表 2-2-7 所示，介绍礼仪考核评分表如表 2-2-8 所示。

表 2-2-7   介绍礼仪训练实训安排

要　素	内　　容
实训项目	介绍礼仪训练
实训时间	1 课时
实训目的	通过分角色扮演，熟练掌握介绍的方式方法，把握递接名片、索要名片以及存放名片的方法
实训要求	严格按照礼仪操作规范进行练习
实训方法	可分别设计一个或若干个场景将介绍和名片礼仪的内容融入情境当中，由学生扮演不同角色
实训准备	应场景所需布置教室，人员角色到位
实训流程	按剧情称呼、握手、介绍、交流
实训操作标准	自我介绍 1. 眼神应专注，面带微笑，表情自然，可配合适当的肢体动作，比如说在讲到自己时可将右手放在自己左胸上 2. 不同的场合采用不同的介绍方式（侧重点不同） 第三方介绍 1. 手势：掌心朝上，手背朝下，四指并拢，拇指张开，以肘关节为轴，指向被介绍一方，并向另一方点头微笑 2. 顺序：男士与女士认识时、长辈与晚辈认识时、上级与下级认识时、主人和客人认识时、未婚者与已婚者认识时，先介绍前者，再介绍后者
基本要求	态度真诚、落落大方，不可敷衍、应付

表 2-2-8   介绍礼仪考核评分表

考核内容	考　核　标　准	满分	实际得分
自我介绍	姿势、顺序	15	
第三方介绍	姿势；介绍人；顺序	20	
名片礼仪	姿势；索要他人的名片；婉拒他人索取名片	20	
语言表达	语言表达准确、规范，语音清晰，语速适中，表达流畅有条理，逻辑性强，同时具有生动性和趣味性，失误1处减1分	10	
举止得体	体态语、表情语运用恰当、正确，做到举止端庄，失误1处减1分	10	
应变能力	情境表演中意外出现的失误能及时处理，失误1处减1分	10	
团队合作	团队中每位同学均参与，少1位学生参与减1分	15	
总　　分		100	

任务5　互换名片礼仪训练

互换名片礼仪训练的实训安排如表 2-2-9 所示,互换名片礼仪考核评分表如表 2-2-10 所示。

表 2-2-9　互换名片礼仪训练实训安排

要　素	内　　容
实训项目	互换名片礼仪训练
实训时间	1 课时
实训目的	通过分角色扮演,熟练掌握介绍的方式方法,把握递接名片、索要名片以及存放名片的方法
实训要求	严格按照礼仪操作规范进行练习
实训方法	可分别设计一个或若干个场景将介绍和名片礼仪的内容融入情境当中,由学生扮演不同角色
实训准备	应场景所需布置教室,人员角色到位
实训流程	按剧情称呼、握手、名片交换、交流
实训操作标准	1. 递送名片时,起身站立,将名片的正面朝向对方,用双手的大拇指和食指捏住名片的两个角,双眼注视对方,面带微笑,配以口头的问候和介绍 2. 接受名片时,姿势同上,接过名片应说"谢谢",并且认真阅读,读完后将其收藏于名片夹或西服左胸上衣口袋中或暂时放在桌面显眼位置
基本要求	动作规范、面带微笑、热情专注,能根据不同情形采用不同鞠躬方式,并且伴随不同问候语

表 2-2-10　互换名片礼仪考核评分表

考核内容	考核标准	满分	实际得分
自我介绍	姿势、顺序	15	
第三方介绍	姿势;介绍人;顺序	20	
名片礼仪	姿势;索要他人的名片;婉拒他人索取名片	20	
语言表达	语言表达准确、规范,语音清晰,语速适中,表达流畅有条理,逻辑性强,同时具有生动性和趣味性,失误 1 处减 1 分	10	
举止得体	体姿语、表情语运用恰当、正确,做到举止端庄,失误 1 处减 1 分	10	
应变能力	情境表演中意外出现的失误能及时处理,失误 1 处减 1 分	10	
团队合作	团队中每位同学均参与,少 1 位学生参与减 1 分	15	
总　分		100	

2

◆ 相关知识

见面是交际的开始,见面时,行一个标准的见面礼,会给对方留下深刻而又美好的印象,能够直接体现出施礼者良好的修养和素质,是社交活动或商务交往能否成功的起点。了解和掌握见面礼仪,可以帮助人们顺利地通往交际的殿堂。平时我们常常采用的见面礼仪主要有称谓礼仪、问候礼仪、介绍礼仪、握手礼仪和名片礼仪等形式。但无论采用哪种见面的礼仪,有一点是一致的,那就是体现对交往对象的尊重。作为旅游服务人员,为了在服务全程中提供优质服务,更应懂得和得体地建立良好第一印象的见面礼仪。

一、称谓礼仪

(一) 称谓的含义

人际交往,礼貌当先;与人交谈,称谓当先。称谓也叫称呼,主要是指人们在交往过程中对彼此的称谓语,表示着人与人之间的关系,反映着一个人的修养和品德。一声得体又充满感情的称呼,不仅体现出称谓人的文化和礼仪修养,也会使交往对象感到愉快、亲切,促进双方感情的交融,为以后的深层交往打下良好基础。因此有人把称呼比作是交谈前的"敲门砖",它在一定程度上决定着社会交往的成功与否。

(二) 称谓的方式

称谓礼仪是在与人交往过程中不可忽视的细节,可是由于传统文化的差异,称谓方式在不同的国度也体现出不同的特点。

1. 我国常用称谓方式

(1) 全姓名称谓。即直呼其姓和名。如"张建设"、"李明华"等。此种称谓方式给人感觉较为严肃,一般用于工作单位、学校等较为郑重的场合。而在人们正常的日常交往中,直呼其名是非常不礼貌的。

(2) 名字称谓。即省去姓氏,只呼其名字。如:"建国""明华"等。此种称谓方式较为礼貌而又亲切,在日常生活中运用广泛。

(3) 姓氏加大小等修饰称谓。即在姓氏之前加一修饰字。如"老张""大李""小王"等。此种称谓方式亲切、真挚,一般用于较为熟悉、关系较好的同事、朋友之间。

(4) 职业性称谓。即对于从事某些特定行业的人,可以直接称呼对方的职业。如医生、老师、律师等,知道对方姓名的,也可以在其职业前加上姓或者姓名较为礼貌,如"李医生""王老师""张律师"等。

(5) 职务性称谓。即用所担任的职务作为称呼。此种称谓方式现在用得相当普遍,以示身份有别、敬意有加,如"赵局长""周书记""张经理"等。

(6) 职称性称谓。即用对方的职称作为称呼,尤其对于具有高级、中级职称者,称呼其职称以示尊重和礼貌,如"马教授""李工程师"等。

(7) 相对年龄的称谓。即根据对方的年龄特点可亲切地称呼对方。如"大哥""大妈""叔叔""阿姨"等,也可在前加上姓氏,如"张大哥""王大伯""刘阿姨"等。此种称谓方式主要运用于非正式场合,体现对对方的尊重之意。

(8)普遍性称谓。此种称谓方式不分年龄大小、不分职业、职务场合,过去通常称呼为"同志"。受国际称呼习惯的影响,在如今的社交场合,尤其是涉外社交场合中,人们更加愿意使用"先生"和"女士"这两种称谓。

中国人传统的尊称范例:

"您"——您好,请您……

"贵"——贵姓、贵公司、贵方、贵校、贵体……

"大"——尊姓大名、大作……

"贤"——贤弟、贤侄、贤媳……

"高"——高寿、高见……

"尊"——尊夫人、尊客……

2.国外常用称谓方式

(1)商务性称谓。在商务交往中,男子无论年龄大小都称"先生",也可在前加上姓氏或姓名,如"史密斯先生"。而女子对于已婚者可称其"小姐""夫人""太太"或"女士",对于未婚或不知其婚否的女子则只能称"小姐",对职业女性可统称为"女士"。

(2)政务性称谓。在政务交往中,常见的除了用"先生""小姐""女士"称呼外,还有以下几种称呼方式。一是职务、职称性称呼,如"格林部长""布朗教授"。二是对于身份地位或职衔、军衔较高者,尊称其为"阁下"或在其职衔前加上"阁下",如"大使阁下",也可以职衔之后加上"先生"这一称呼,如"部长先生",还可以先职衔,次"先生",最后"阁下",如"总理先生阁下",但是几个称谓同时使用,只适于身份地位极高的社会名流或政界要人。

(3)君主制国家称谓。对于君主制国家的王公贵族,按传统习惯称国王、王后为"陛下",如"国王陛下""王后陛下",对王子、公主、亲王等,应称其为"殿下",对有爵位或封号的人士可称其爵位或封号,也可称"阁下"或"先生"。

(4)军界人士称谓。对于军界人士直接称其军衔,如"将军""上校"。知其姓名的,可称其姓名和军衔,如"卡特元帅""乔丹卜尉"。还可以在军衔后加上"先生"或先姓名,次军衔,再"先生",如"将军先生""布雷克上校先生"。

(5)宗教人士称谓。对于教会中的神职人员,一般直接称呼其神职。知其姓名的,可称其姓名和神职,如"亚当神父",也可在神职后加上"先生",如"神父先生"。

(三)称谓礼仪六禁忌

(1)无称谓不用。即用"哎""喂"来称呼他人。

(2)替代性称谓不用。即用"下一个""8号""那个谁"等来称呼他人。

(3)错误性称谓不用。比如说,把没有结婚的女子称呼为"夫人"或"太太",则很容易使对方感到不悦甚至激怒对方。

（4）误会性称谓不用。如某些职称性称谓加在某种姓氏后极易产生误会。

（5）称兄道弟的称谓不用。如"老大""哥儿们"等。

（6）绰号性称谓不用。

二、问候礼仪

在日常交往中，问候是为了表示对他人的一种礼貌和慰问，是人们最简单、最常用的礼节，它既可以通过语言来表示，还可以同时用肢体动作来表达。

（一）语言问候礼仪

语言问候，即我们平常所说的打招呼，一般来说，最简单的问候语是"您好""早上好""下午好""晚上好"，但是由于场合的不同、交往双方身份地位的不同，我们在问候他人时还须注意以下几个方面：

1. 问候的方式

在不同的社交场合我们需要采用以下两种不同的问候方式：

（1）直接式问候。所谓直接式问候，是指直接将问好作为问候对方的主要内容，一般适用于较为正式的人际交往中，特别是在初次见面的人们会采用此种问候方式。如"您好""早上好"等。

（2）间接式问候。所谓间接式问候，是指以某些约定俗成的问候语，或采用随机引起的话题来代替直接性问候，如"忙什么呢""最近咋样""您来了"等，来替代直接式问候。一般用于非正式交往尤其是熟人之间的交往。

2. 问候的顺序

在较为正式的场合，问候还需讲究一定次序，主要有以下两种情况：

（1）一对一的问候，即两人之间的问候，应当是"位低者先问候"，即身份较低者或年轻者先问候身份较高者或年长者。

（2）一对多的问候，即若一人同时问候多人时，既可以笼统地问候，如"大家好"，也可以逐个加以问候。逐一问候多人时，既可以由"尊"而"卑"、由"长"而"幼"地依次而行，也可以由"近"而"远"依次而行。

3. 问候的规范用语

（1）每天不同的时间问候他人："早上好""中午好""下午好""晚上好""晚安"。

（2）对他人表示欢迎时："您好，欢迎光临""您好，欢迎来到……""您好，很高兴又见到您"。

（3）跟他人道别或送行时："谢谢光临，欢迎再来""再见""谢谢光临，请慢走"。

（4）遇到节日或是节庆的日子时："祝您生日快乐""祝您新年快乐""新年好"等。

（5）对方患病或身体不适时，应说："祝您早日康复""保重身体"。

（6）同时问候多人时："大家好""各位早上好"。

三、握手礼仪

握手礼是当今世界运用最为广泛、最常用的"见面礼"，既可用于刚刚认识不久的人,也可用于多日未见的老友,既可表示慰问、关心和问候,也可表示感谢、祝贺和鼓励等。究其来源,相传在刀耕火种的年代,人们在狩猎或战争时,手中常常持有石块或棍棒等武器。陌生人相见,倘若并无恶意,双方便放下手中的武器,并伸开手掌让对方摸摸自己的掌心以示友好和信任。后来随着时代的发展渐渐演变成两手相握的形式,但它象征着友善和尊重的本质并没有变。倘若一个人给你施以热情、诚挚的握手礼,则表示对方能够认识你是非常高兴的。

(一)握手的姿势

握手时,双方保持一步左右的距离,上身略微前倾,各自伸出右手掌心向内,四指并拢,大拇指张开与对方相握,轻轻上下晃动几下。同时,面带微笑,并伴有问候性语言。

(二)握手的顺序

握手是向对方表示友好和礼貌,但在社交活动中,却不可贸然伸手。伸手的先后顺序应根据握手双方的身份地位、年龄、性别以及宾主身份来定。一般来说应遵循“尊者优先”的原则。具体来说,长辈同晚辈握手时,应由长辈先伸手;上级同下级握手时,应由上级先伸手;女士同男士握手时,应由女士先伸手;宾主之间,客人抵达时,应由主人先伸手,以示欢迎,客人离去时,应由客人先伸手,以示感谢留步之意。

(三)握手的时间

一般情况下,双方握手的时间应控制在 3~5 秒为宜。对于初次见面者以及异性之间握手时间尤其不能过长,以不超过 3 秒为宜。而对于长时间未见的老朋友或关系较为亲近的人们之间,握手时间可略微延长。

(四)握手的力度

根据不同的对象和场合,握手的力度稍有不同。

一般而言,握手不必用力,稍稍握一两下即可,尤其是异性之间握手,不能握得太紧,更不能握住不放,男士往往只握一下女士的手指部分。倘若是多年不见或者是十分要好的密友之间相互握手,力度则可以略为大些。

(五)握手问候语

握手时的问候语主要有以下一些:

(1)感谢时,为表达对对方的感谢之情常会用到“非常感谢”“太感谢您了”之类的感谢用语。

(2)道歉时,需要向对方道歉或是表达客气之情的用语,如“十分抱歉给您添麻烦了”“招待不周,请多多包涵”。

(3)祝贺时,当对方取得成功或者得到表彰以及办喜事时,一般会边握手边说“恭喜恭喜”“祝贺您”等祝贺语。

(4)欢迎时,为了对对方表示欢迎常会说“欢迎光临”“热烈欢迎”等欢迎语。

(5)问候时,相遇或重逢时常见的问候语“您好”“好久不见”“最近怎么样”。

(6)慰问时,慰问他人时的问候语,如“您辛苦了”。

（7）离别、送客时多会用到"一路顺风""祝您顺利"等告别语。

（六）握手礼的注意事项

握手时，还要注意以下一些事项：

（1）握手时，应保持站立姿势（年老残疾者除外），坐着与他人握手是非常不礼貌的。

（2）握手时，应伸出右手，决不能用左手与他人相握，这是极其失礼的行为。同时，遇到两位以上问候对象时，应逐一与其相握，而不能为了图快捷方便交叉握手，这在有些国家是被视为无礼的、侮辱性的行为。

（3）握手时，应保证手的干净整洁。若因为手脏而不能与对方握手，应向对方作出说明。也就是说，当别人按照握手先后顺序的惯例已经向你伸出手时，必须有礼貌地进行回应，拒绝别人的握手是极其不礼貌的。

（4）握手时，应面带微笑，双眼正视对方，而不可以左顾右盼，目光游移。

（5）一般而言，握手时需脱帽和摘手套。但军人可以戴着手套与他人握手，身份地位高的人可以戴着手套握手，身着礼服的女士也可以戴着手套与他人握手，除此之外，戴着帽子与手套和他人握手是非常失礼的。

四、行动问候礼仪

人们在交往中，除了可以使用语言问候外，还可以同时用行为来表达问候之情，较为常用的有：

（一）鞠躬礼

鞠躬礼源自中国，是我国古代传统的见面礼节之一，发展至今仍是一种向他人表示谦恭和友好的方式。在当代国际交往中，中国、日本和朝鲜普遍使用此种礼节。

1. 鞠躬礼的姿势

行礼者按标准站姿站好，距受礼者约两到三步之远，面带微笑，注视对方。鞠躬时，以腰部为轴心，上身向前倾斜，目光随着身体的向前倾斜由平视前方而自然下落至自己脚前约 1.5 m（鞠躬 15°）或 1 m（鞠躬 30°）处，男士双手置于身体两侧，女士双手交叠于小腹前，鞠躬完毕，恢复标准站姿。

2. 鞠躬礼的使用场合

在我国，鞠躬礼适用于庄严肃穆、喜庆欢乐的场合。在日常生活中，学生对老师、晚辈对长辈、下级对上级、表演者对观众都可行鞠躬礼；领奖人上台领奖时，向授奖者及全体与会者可行鞠躬礼；演员谢幕，向观众表示感谢可行鞠躬礼；服务人员向宾客致意也可行鞠躬礼。

3. 鞠躬礼的注意事项

（1）人们在鞠躬时还应致以相应的问候语或告别语，一般来说应先说问候语再鞠躬。

（2）行鞠躬礼应由身份地位低的人先鞠躬，受礼者在接受他人鞠躬礼节后应还以鞠躬礼，但如果受礼者是长辈、高官、女士或宾客，还礼时可不用鞠躬，只需点头、欠身或微笑致意即可。

（3）若戴有帽子，行鞠躬礼时应将帽子摘下，因为戴帽子鞠躬既不礼貌，也容易滑落，使自己处于尴尬境地。

（4）鞠躬的程度因场合、对象的不同而有所区别。一般而言，鞠躬角度越大，表示越谦恭，越尊敬对方。具体来说，有以下几种鞠躬方式：

一般性的打招呼、迎客——15°；

送客或表示恳切之意——45°；

表示感谢之情——60°；

深切悔过、谢罪时——90°。

（5）鞠躬时目光应向下看，表示一种谦恭的态度，不要一边鞠躬，一边翻起眼睛看对方，这是极为不礼貌的行为。

（二）拥抱礼和亲吻礼

拥抱礼和亲吻礼是欧美国家传统的礼节形式。一般来说，拥抱礼和亲吻礼同时进行，即双方见面时既拥抱又亲吻。

1. 拥抱礼

正确的拥抱礼，应该是两人正面对立，各自举起右臂，将右手搭在对方的左臂后面，左臂下垂，左手扶住对方的右后腰。首先向左侧拥抱，然后向右侧拥抱，最后再次向左侧拥抱，拥抱三次以后礼毕。拥抱时，还可以用右手掌拍打对方左臂的后侧，以示热情。同时，行拥抱礼，切忌双手搭在对方的肩膀或腰部，这是恋人之间的动作，不符合礼仪规范。

2. 亲吻礼

在西方国家，亲吻礼是长辈对晚辈、上级对下级、朋友或夫妻之间为表示亲昵的一种礼节，视对象的不同亲吻的部位也不相同。长辈亲吻晚辈应吻额头，晚辈亲吻长辈应吻下颌或面颊；同辈之间亲吻，同性之间应贴面颊，异性之间应亲吻面颊；除了夫妻或恋人之间，其他关系是不能亲吻嘴唇的。

吻手礼也是亲吻礼的一种，它较为流行于欧美上层社会的一种礼节，英法两国喜欢这种礼节。具体做法是，女方先伸出手作下垂式，男士走到女士的面前，立正垂首致意，然后用右手或双手捧起女士的右手指尖，轻轻抬起并弯腰俯身，象征性地在女士手背上轻轻一吻。

（三）点头礼和欠身礼

1. 点头礼

点头礼是同级或平辈间相互打招呼时常用的礼节，大多适用于与对方不宜交谈的场合。如在路上行走时相遇时、会议或演出正进行时等都可以点头示意。具体做法是用头部向下稍许晃动一两下，目光注视对方。若在路上遇见上级或长者，必须立正行鞠躬礼。但上级对下级或长者对晚辈的答礼,可以在行进中行点头礼,或伸右手示意。

2. 欠身礼

欠身礼的具体做法是,头颈背成一条直线,目视对方,身体稍向前倾。它是向对方表示自谦和礼貌的一种行为举止,它和鞠躬礼有所不同,鞠躬礼要求行礼者必须站着,而欠身既可站着也可以坐着。

五、介绍礼仪

所谓介绍,是指在社会交往中,通过自己主动沟通或者借助第三方的帮助从而使得不认识的双方或多方相互认识、增进了解。它是人们走进相互交往的第一步,是一切社交活动的开始。正确、规范的介绍,既可以拉近人们之间的距离,也可以消除人们在社交过程中有可能出现的误会和麻烦。根据介绍人的不同,介绍可以分为自我介绍、他人介绍和集体介绍三种。

(一)自我介绍

所谓自我介绍,就是主动将自己介绍给别人。在人际交往中,恰当合适的自我介绍能够给他人留下深刻的印象,使人们最常用的一种介绍方式。但并不是所有场合都需要或者适合做自我介绍的,所以我们有必要来了解和学习自我介绍的礼仪规范。

1. 自我介绍的适用场合

(1)想了解别人时。在一些社交活动当中,如若遇到自身较为感兴趣十分想认识的对象,而又没有他人可以帮忙引荐,这时就需要你主动地做自我介绍。

(2)别人想了解你时。当别人向你表达出想要相互认识的愿望时,出于礼貌,你可以主动自我介绍,以示对对方的友好和热情。

(3)需要他人了解你时。在社交场合不仅仅是为了认识和了解他人,更多时候需要让他人来了解自己,进而了解你所在的企业,这样做好自我宣传工作就显得很有必要了。当然,即便你并非代表一个企业参加某个社交活动或者是你还没有成为一个企业的代表时,也会有需要他人认识并了解你的情况。比如,当你到一家公司应聘求职,或到某学校应试求学时,面试者往往会提出将你自己的情况做一番自我介绍。这时一个良好的自我介绍可以为接下来大家进一步交流奠定良好的基础。

2. 自我介绍的时机和时间

自我介绍时既要把选择合适的时机,又要把握恰当的时间。一般来说,如果有介绍人在场时,还主动将自己介绍给大家是非常不礼貌的行为。所以,做自我介绍要注意选择最佳时机,如"没有其他人员在场时""对方比较清闲没有在忙时"又或者"周围的环境较为安静时"等。当然,除了时机需要好好掌握以外,自我介绍的时间也是有要求的。一般来说,自我介绍时间不宜太长,最好控制在一分钟甚至半分钟左右,不要长篇大论没有重点,当然,对方向你表现出强烈的兴趣除外。

3. 自我介绍的内容

自我介绍的内容应该实事求是,既不过分谦虚也不自吹自擂,并且在不同的场合和

情景,介绍的侧重点可有所不同,具体来说可以有以下几种方式:

(1)应酬式。这种方式的介绍内容最为简单,通常只需有姓名一项就可以了。如"您好,我叫王明",适用于一般性的社交场合。

(2)工作式。这种方式适用于工作场合,介绍内容可包括姓名、公司名称、部门、职务等。如"您好,我叫王明,是新东方电脑公司的销售经理"。

(3)交际式。这种方式常用于一些社交场合,表示希望与对方能有进一步的交流和沟通。内容可包括姓名、籍贯、工作、兴趣爱好等。如"您好,我叫王明,和您一样也是江西南昌人,我在新东方电脑公司上班……"

(4)问答式。这种方式主要适用于应聘、面试等场合,一般是有问必答的形式。如"请简单介绍一下自己的基本情况。""各位考官好,我叫王明,今年 24 岁,来自江西南昌,毕业于……"

4.自我介绍的注意事项

(1)从态度上看,自我介绍时,应该亲切自然,落落大方,不能唯唯诺诺,虚张声势,让对方感受到自己的真情实感。

(2)从言行举止上看,除了语气随和、语速正常、吐字清晰以外,还需要注意自己的身体语言,即行为举止要庄重大方,在介绍时可配合适当的肢体动作,比如说在讲到自己时可将右手放在自己左胸上,但是切记动作过多过乱,更不可以出现不礼貌的动作,如用手指指点他人。

(3)从眼神和表情上看,眼神应专注,双眼平视对方,切不可左顾右盼,同时面带微笑,表情自然。

(二)他人介绍

他人介绍,又叫第三方介绍,指的是通过第三者的引见,将相互不认识的双方介绍认识。一般来说,介绍人或者是社交联谊活动中的发起者、负责人,或者是家庭聚会的主人,熟悉双方的朋友,又或者是文艺演出、重要会议的司仪,总之,他们的一个共同点就是对被介绍双方都较为了解。在为他们作介绍之前,最好应征求一下双方的意见是否确有意愿相互认识,以免双方陷入不情愿的尴尬境地。同时,为他人作介绍,通常是双向的,也即被介绍的双方各自进行相互介绍,当然有时也可以进行单项的介绍,即只将被介绍的其中一方介绍给另外一方。掌握他人介绍礼仪需要注意以下问题:

1.介绍顺序

在正式的社交场合,为他人作介绍时,谁先介绍,谁后介绍,是一个必须要注意的问题,一旦出现失误会使被介绍双方都较为尴尬。总的来说,应坚持"尊者优先"的原则进行介绍,即尊者有优先认识对方、了解对方的权力。所以,介绍前,介绍人应事先确定被介绍双方身份地位的尊卑,然后将位卑者介绍给位尊者,再将位尊者介绍给位卑者。具体来说,国际公认的介绍顺序有:

(1)介绍男士与女士认识时,应先介绍男士,后介绍女士。

(2)介绍长辈与晚辈认识时,应先介绍晚辈,后介绍长辈。

（3）介绍上级与下级认识时，应先介绍下级，后介绍上级。

（4）介绍主人与客人认识时，应先介绍主人，后介绍客人。

（5）介绍早到者与晚到者认识时，先介绍晚到者，后介绍早到者。

（6）介绍已婚者与未婚者认识时，先介绍未婚者，后介绍已婚者。

当同时出现了几种衡量标准时，不分男女老少，一般会以被介绍人的社会地位或职位高低来确定介绍的先后顺序，即把社会地位或职位低的介绍给社会地位或职位高者。

2. 介绍手势

介绍时，手势应文雅大方，无论介绍哪一位，介绍者都应掌心朝上，手背朝下，四指并拢，拇指张开，以肘关节为轴，指向被介绍一方，并向另一方点头微笑，切不可用手指在被介绍人之间指来指去，这是非常不礼貌的。当介绍者为双方作介绍时，被介绍者应起身站立以示尊重和礼貌，目视被介绍的另一方，面带微笑。同时，年长者或身份地位高者应主动与对方握手，并问候对方，而年轻者或省份地位低的一方也应立即伸出手与对方相握。如若被介绍双方身份地位相当时，二者皆应主动热情地相互握手并问候。

（三）集体介绍

集体介绍是他人介绍的一种特殊形式，是指介绍人在为他人作介绍时，被介绍人其中一方或者双方不止一人甚至是许多人。在做集体介绍时，原则上应参照他人介绍的礼仪顺序来进行。具体情况有以下三种：

（1）将一人介绍给多人。即先介绍一人的一方，再介绍人数较多的一方。这种方式可以适用于被介绍双方身份地位大致相当时，有时也可以适用于在某些活动场合，对身份地位较高或年长者的先行介绍。

（2）将多人介绍给一人。这种方式一般应用于将年轻者或身份地位低者介绍给年长者或身份地位高者，尤其在工作中将公司新人介绍给大家时常常用到。

（3）人数较多的双方介绍。当被介绍双方人数都较多时，仍旧按照"尊者优先"的原则进行。

在作集体介绍时同样需要注意一些礼节问题。比如介绍时，男子一般应起立，当然长者、身份地位高者除外，而当女士被介绍给男士时，可以坐着不动，只要点头致意、微笑即可。介绍后，通常需要大家相互握手、问候或鞠躬，具体使用何种礼节视场合的庄严程度而定。

六、名片礼仪

名片在我国已经有了两千多年的使用历史了，最早可追溯到西汉，发展到今天，名片已经可以成为一个人身份、地位的象征，是当代社会人们交往中不可或缺的一种最经济最实用的介绍性媒介。无论是在各种正式还是非正式场合，名片都可以起到证明身份、表达情感、广交朋友等多种功能。那么，正是因为名片使用的普遍性、功能的多样性以及它的实用价值，好好学习如何正确使用名片的礼仪也就显得尤为必要了。

(一)名片的存放与携带

既然名片已经成为人们在社交活动中的自我介绍信和社交联谊卡,那么我们在日常工作和生活中就不能忽视对它的保管。首先,应将名片整齐地放在名片夹、名片盒中,而不能将自己的名片和他人的名片或其他杂物混放在一起,以免使用时手忙脚乱或者送错名片。同时,存放时还应注意将名片分门别类,这样才能方便根据不同的对象使用不同的名片。其次,携带时,可将名片放在易于掏出的皮包或公文包里,男士可将名片置于西装上衣的口袋内,女士可将名片置于手提包内,切忌将名片随便丢放在裤子口袋或钱包之内。当然,出门前,应确保名片数量的充足以及干净整洁,任何出现褶皱、破损或肮脏的名片都是不可以使用的。

(二)递送名片的礼仪

在现代的公务、商务场合,交换名片已经成为一个最基本的礼仪。初次见面时,为了表明与对方继续保持联络的意向可以递送名片;去拜访他人时,为了让对方快速认识自己,可以递送名片;在社交宴会上,用餐结束时,也可以向有需要的对象递送名片。

通常而言,递送名片时,应起身站立,将名片的正面朝向对方,用双手的大拇指和食指捏住名片的两个角,双眼注视对方,面带微笑,同时,配以口头的问候和介绍,如"您好,这是我的名片,请多多关照"。一般来说,名片的递送应在介绍之后。如果一人同时向多人递送名片,应遵循"由近及远,先尊后卑"的顺序进行。当然,不可以将自己的名片如同传单一般随便派发,也不可以只给领导和女士发放,这样会给人留下厚此薄彼、溜须拍马的不良印象。

(三)接受名片的礼仪

递送名片需要注意礼仪,接受他人名片同样需要毕恭毕敬。接受名片时,应起身站立,双眼注视对方,面带微笑,双手接过名片,同时,接过名片应说"谢谢",然后认真地阅读名片,最好能将对方的姓名和职务轻声地念出来,以示尊重。如遇到看不明白的地方可虚心向对方请教,而不应胡乱猜测引起误会。读完后,切不可将名片随意摆弄或扔在桌上,可以将名片暂时摆在桌面的显眼位置,也可以将其收藏于名片夹或西服左胸上衣口袋中,并且礼貌地回敬一张自己的名片,如未带名片,应向对方说明原因并表示歉意。

(四)名片使用的注意事项

名片使用时应注意以下一些事项:

(1)交换名片时,一般应由晚辈、身份地位较低的一方向另一方递上名片,然后再由后者回赠。当然,如若碰见长辈或上级先递名片也无需拒绝或谦让,而应礼貌地用双手接过并道声"谢谢",再将自己的名片回赠给对方。

(2)向他人索要名片切不可硬来,需要掌握灵活的方法。

① 交换法。"将欲取之,必先予之。"即在主动递上自己名片之后,对方出于礼貌会回赠一张名片。比如,你特别想要张先生的名片,就可以将自己的名片递给他:"张先生,您好,这是我的名片。"如果担心对方不回赠,可以附上一句,"可不可以与您交换一

下名片?"当然,在社会交往中肯定也会碰到和对方身份地位有落差的情况,当你把名片递给他希望能够回赠到名片时,对方可能会微笑地跟你说声"谢谢",然后就没有下文了。这时候,你不妨采用"激将法"来试一试。

② 激将法。还是遇到刚刚那种情况,你就可以说:"张总,久仰您的大名了,非常高兴能够认识您,不知道能不能有幸跟您交换一下名片呢?"一般这样一说的话,对方不想给你也会给你,如果还是不给的话,那么可以采取暗示法。

③ 暗示法。如"张教授,今天听了您的讲座我真是受益匪浅,并且还有种意犹未尽的感觉,不知道今后如何向您请教呢?"当然,这种方法也可以用于平辈或是晚辈之间,但说话的语气可以有所改变:"请问今后怎样与您联系呢?"

(3)面对他人向自己索要名片时,不可直接拒绝。如确实不太方便或是不想回赠时,可在接受对方的名片后表示自己的名片刚用完或者说自己忘了带名片。如若确实用完或忘带而又希望和对方保持联络的话,可以用干净的纸代替,在上面写下个人资料。

(4)除了在面谈中的使用之外,名片还有其他的妙用,比如本人不能亲自前往时,可以送上名片来代表你;又或者你去拜访客户时,对方恰好不在,可将自己的名片留下,等客户回来之后看见名片就知道你来过。

总之,名片的使用还有很多讲究和学问,我们在社会交往中一定要小心谨慎。

项目三 迎送礼仪

◇ **学习目标**

掌握迎送礼仪操作要求。

◆ 案例导入

案例一 车队出发前的百米赛跑

2001年10月,APEC会议在上海成功举办。出席会议的各经济体领导人和世界级的工商巨头亲眼目睹了上海的风姿,亲身见证了中国改革开放的成就,更感受到了上海旅游接待服务工作的热情和细致。其中,10月21日晚17:50,印尼车队领队裘鑫豪接到通知,说正在参加宴会的印尼总统要提前离场,原定20:15出发的任务提前到18:00。可就在车队以最快速度做好了出发准备后,总统出发时间又改到了19:00。因任务要推迟一小时,接待的负责人就叫保卫人员和驾驶员先去就餐。然而通过这几天的接待,裘鑫豪已深知印尼总统的行动会随时变化,于是决定自己留下来值班,并告诉驾驶员必须在10分钟内到车内待命。果然大家刚走,总统的侍卫官便急急赶来,说总统已从宴会厅出来。这一"突然袭击",使在场人员都措手不及。由于时间紧迫,裘鑫豪立即以赛跑的速度奔到餐厅,通知还未来得及吃饭的驾驶员以最快的速度回到车上,终于在总统到达之前做好一切准备。看到锦江国宾车队如此神速的应变能力,负责印尼总统警卫接待工作的官员纷纷伸出大拇指称赞道:锦江车队就是不一样。事后印尼总统也专门送给裴鑫豪等主要驾驶员每人一件印尼"APEC 衬衫",以表示感谢。

案例二　认 错 了 人

某饭店客房部的 12 楼层为商务楼层,饭店规定客人入住,服务员要立即上欢迎茶。一天,服务员小张正当班,一位先生入住 815 房间。小张忙端上欢迎茶送入房间,一看是位内宾,就用中文说:"您好！先生,欢迎光临,这是欢迎茶,请。"她将茶杯放在茶几上,但发现客人从自己一进门就茫然地看着她,一句话也不说,觉得挺纳闷儿。当小张快要出房间门时,那位客人说话了,他用英语说他不是中国人,是韩国人。这时小张才意识到原来自己只从外貌上判断客人的国籍,将韩国客人误认为是内宾,于是立即用英语向客人道了歉,又解释了自己刚送的是欢迎茶等。客人听明白后,向服务员表示了谢意,小张这才愧疚地与客人道别,离开客房。

评析:客人一进店,服务员应先了解入店客人的国籍、性别、年龄、身份等,以使用恰当的礼节与语言接待客人。服务员连客人国籍都不清楚,就贸然去服务,出差错是必然的事。而小张遇到的客人正是不易区分的亚洲外宾,误以为是中国客人,直接用中文对客人服务,使这位不懂中文的客人有些茫然。这时,服务员应从客人脸上的表情分析出客人听不懂自己的话,应立即换英语进行询问才是。但小张对此反应不够敏捷,直至客人自己说出国籍,才知道认错了人。

2

◆ 任务实训

任务 1　迎领礼仪训练

迎领礼仪训练的实训安排如表 2-3-1 所示,迎领礼仪考核评分表如表 2-3-2 所示。

迎宾服务礼仪

表 2-3-1　迎领礼仪训练实训安排

要　素	内　　容
实训项目	迎领礼仪训练
实训时间	1 课时
实训目的	掌握迎领礼仪的规范操作要求
实训要求	严格按照实训操作标准进行训练
实训方法	教师示范→教师讲解→学生分组练习→教师指导→学生分组再练习→教师考核(4 人/组)
实训准备	标准前厅、客房、餐厅实训室
实训操作流程	迎领手势训练→迎领步态训练→迎领客人上下楼梯训练→迎领客人进出电梯训练

要　　素	内　　　　容
实训操作标准	1. 迎领手势训练 　五指并拢,手掌自然伸直,手心向上;肘微弯曲,以肘为轴向一旁摆出,到腰部并与身体正面成45°时停止;头部和上身微向伸出手的一侧倾斜另一只手下垂或背在后面,目视客人,面带微笑。 　2. 迎领步态训练 　复习标准走姿训练(操作标准见走姿训练) 　3. 迎领客人上下楼梯训练 　(1)"右上左下"的原则,以方便对面上下楼梯的客人。 　(2)面带微笑,保持标准走姿。 　(3)上楼梯时应走在客人的后面,下楼梯时应走在客人前面。 　(4)与客人的距离以相差1级阶梯为宜。 　4. 迎领客人进出电梯训练 　(1)"先进后出"的原则,以便为客人控制电梯。 　(2)面带微笑,并按动电梯控制钮,等候电梯的到来。 　(3)当电梯来到、自动门开启后,用手挡住梯门,敬请客人步入梯口。 　(4)在电梯内,只要空间许可,应与客人保持30厘米左右的距离。 　(5)客人乘电梯到达时,用手挡住梯门,面带微笑等待客人步出电梯,并礼貌道别

表 2-3-2　迎领礼仪考核评分表

考核内容	满分	实际得分
仪容仪表	10	
面部表情(眼神)	15	
手　　势	15	
步　　态	15	
姿　　态	10	
站　　位	15	
操作规范	20	
总　　分	100	

任务 2　送别礼仪训练

　　送别礼仪训练的实训安排如表 2-3-3 所示,送别礼仪考核评分表如表 2-3-4 所示。

表 2-3-3　送别礼仪训练实训安排

要　　素	内　　　　容
实训项目	送别礼仪训练
实训时间	1课时
实训目的	掌握送客服务礼仪的规范操作要求
实训要求	严格按照实训操作标准进行训练

续 表

要 素	内 容
实训方法	教师示范→教师讲解→学生分组练习→教师指导→学生分组再练习→教师考核(4 人/组)
实训准备	标准前厅、客房、餐厅实训室
实训操作流程	送客准备→迎候客人→或电梯服务→礼貌告别客人
实训操作标准	1. 送客准备 着装规范,精神饱满,按标准站姿站在大堂,并面带微笑,目光平视前方,随时准备迎送客人的到来 2. 迎候客人 客人出现后,主动问候客人,并帮客人提行李,或引领客人上车 3. 或电梯服务 当客人乘电梯离开时,用手挡住梯门,面带微笑等待客人步入或步出电梯,并用礼貌语提醒 4. 礼貌告别客人 当客人离开时,应向客人礼貌道别,向客人表示欢迎他(她)再次光临,并面带微笑、鞠躬告别、目送客人远去

表 2-3-4 送别礼仪考核评分表

考核内容	满分	实际得分
仪容仪表	10	
面部表情(眼神)	15	
手 势	15	
步 态	15	
姿 态	10	
站 位	15	
操作规范	20	
总 分	100	

◆ **相关知识**

一、门厅迎送礼仪

在门厅,主要有以下一些迎送礼仪:

(1)礼宾员应服饰挺括华丽、仪表整洁、仪容端庄大方,要精神饱满地站在正门前,恭候宾客光临。

(2)见到宾客乘车抵达时,要立即主动迎上,引导车辆停妥,接着一手拉开车门、一手挡住车门框的上沿,以免客人碰头。如果是佛教界人士,则不能挡。

(3)问候客人要面带微笑,热情地说:"先生,您好,欢迎光临!"同时致 15 度鞠躬礼。对常住客人切勿忘记称呼他(她)的姓氏,如"史密斯先生""布朗小姐"等。

(4)当客人较集中到达时,应不厌其烦地向客人微笑、点头示意、问候,尽量使每一位客人都能得到亲切的问候。

(5)如遇下雨天,要撑伞迎接,以防客人被雨淋湿。若宾客带伞,可将宾客带的伞放在专设的伞架上,并代为保管。

(6)如遇见老人、儿童、残疾客户,要主动伸手搀扶,倍加关心照顾。

(7)客人离店时,要引导车子停到客人容易上车的位置,并拉开车门请客人上车,在看清客人已坐好、衣裙不影响关门时,再轻关车门,向客人微笑道别:"谢谢光临,欢迎下次再来,再见!"同时,招手示意,目送客人离去。

(8)要尽量当着客人的面主动引导出租车或打电话为其联系出租车,并礼貌地按规定热情地接待来访者,主动帮助他们寻人、回答客人的问询,决不能置之不理、冷漠旁观。

二、行李员迎送礼仪

行李员要注意以下一些迎送礼仪:

(1)客人抵达时,要热情相迎,微笑问候。主动帮助客人提携行李,并问清行李件数,记住送客来车号码。若客人坚持自携行李,应尊重客人意愿,不可强行接过来。在推车装运时,要轻拿轻放,对贵重易碎的行李物品更不能乱扔或重压,以免引起客人的不快。

(2)陪同客人到总服务台办理入住手续时,应侍立在客人身侧后两三步处等候,看管好客人的行李并随行接受宾客的吩咐。

(3)引领客人时,要走在客人左前方两三步处,随着客人的步子徐徐前进。遇转弯时,要微笑向客人示意,以体现对客人的尊重。

(4)陪送客人乘电梯时,行李员按动电梯控制钮,然后一手挡住电梯门敬请客人先进梯,随后携行李跟进。电梯到达指定楼层后,关照客人先出电梯,再将行李运出。如大件行李挡住客人出路,行李员可先运出行李,然后按住电梯门,请客人出电梯。

(5)引领客人进房时,放下行李,按门铃后用手指敲门通报,里面没有回声再开门。开门后,先打开过道灯。如室内装有节能钥匙孔,则应先把钥匙插入孔中,扫视一下房间确无问题后,则退至房门一侧,请客人进房。

(6)进入房间的行李员,要将行李轻放在行李架上,箱子的正面朝上,箱子把手朝外,便于客人取用。行李全部放好后要与客人核对清楚,确无差错后,可简单介绍房内设施。如客人无其他要求,应迅速礼貌告别,以免给客人造成等待索要小费的印象。

(7)离房前应微笑地说:"先生(或小姐、夫人等),请好好休息,再见!"面对客人,后退一步,再转身退出房间,将门轻轻拉上。

(8)客人离开饭店时,行李员在接到搬运行李的通知后,进入客房之前无论房门是关着或开着,均要按门铃或敲门通报,听到"请进"声,方可进入房间,并说:"您好,我是来运送行李的。"客人离开房间时,行李员要将门轻轻关上,跟随客人到大门口。

(9)安放好行李后,行李员要与大门迎接员一起向客人热情告别,方可离开。

三、梯口迎送礼仪

梯口应接员应注意以下一些迎送礼仪：

（1）梯口应接员应着华丽、挺括的识别服，站立在电梯厅的中央，面带笑容，目视前方，精神饱满，思想集中，恭候客人的光临。

（2）见宾客前来时，要主动热情问候，并按动电梯控制钮，等候电梯的到来。

（3）当电梯来到、自动门开启后，用手挡住梯门，敬请客人步入梯口。

（4）客人乘电梯到达底楼时，待电梯自动门打开，客人步出电梯时，应面带微笑礼貌道别。

四、机场迎送礼仪

在机场，饭店代表要注意以下一些迎送礼仪：

（1）饭店代表服饰要鲜明、整洁、挺括，手持独具特色、有店徽（饭店）的欢迎牌，恭候客人的光临。

（2）客人抵达时，要主动迎候并自我介绍，说："您是××先生（小姐）吗？欢迎您光临！我是××饭店代表。您有托运行李吗？请将行李牌给我，我们帮您领取。"如果客人要自领行李，应尊重客人的意愿。

（3）礼貌地引领客人到车上就座，点清、放好行李，轻关车门，陪送客人到饭店。

（4）送客服务时要了解客人离店情况，事先向车队订车。送客上路，应礼貌地征求客人对饭店的意见，欢迎他们再次光临并祝旅途愉快。

五、迎宾迎送礼仪

迎宾员应注意以下一些迎送礼仪：

（1）着装华丽、整洁、挺括，仪容端庄、大方，站姿优美、规范。开餐前几分钟，迎宾员应恭候坐在餐厅大门两侧，做好拉门迎客的准备。

（2）神情专注，反应敏捷，注视过往宾客。当客人走进餐厅1.5米处，应面带微笑，热情问候："小姐（先生），您好，欢迎光临！"客人离开餐厅时应礼貌道别："小姐（先生），谢谢您的光临，请慢走，再见！"

（3）如遇雨天，应主动收放客人的雨具，客人离开时把雨具及时递上，再帮助客人打开雨伞，穿好雨衣。

（4）迎宾要积极主动，答问要热情亲切，使客人一进门就感觉到他们是最受欢迎的尊贵客人，从而留下美好的第一印象，使客人进餐厅用餐变成一种享受。

六、引位迎送礼仪

引位员应注意以下一些迎送礼仪：

（1）客人进门后，立即迎候，面带微笑地打招呼。如果是男女宾客一起进来，按先女后男的礼仪规范问候。

（2）引位时,应说:"请跟我来""这边请""里边请",并用手示意,把客人引领到适当的位置入座或进入包房。不同的客人应引领到不同的位置。

（3）遇到重要宾客光临,可引领到餐厅最好的靠窗靠里的位置或雅座,以示恭敬与尊重。

（4）遇夫妇或情侣到来,可引领到餐厅一角安静的餐桌就座,便于其小声交谈。

（5）见到服饰华丽、打扮时髦、容貌漂亮的小姐,要引领到众多客人均可看到的显眼的中心位置就座。

（6）遇到全家或众多的亲朋好友来聚餐时,要引领到餐厅靠里的一侧或包房,既便于安心进餐,又不影响其他客人的用餐,以示礼貌。

（7）年老、体弱的客人,尽可能安排在离入口较近的位置,以便于出入,并帮助他们就座,以示服务的周到细致。

（8）对于有明显生理缺陷的客人,要注意安排在适当的位置就座,遮掩其生理缺陷,以示体贴和关怀。

（9）如客人要求指定位置,要尽量满足其要求。如其他客人已占用时,应礼貌地说明:"小姐(先生),对不起! 请跟我来,这边请!"。

（10）靠近厨房出入口处的位置,是最不受客人欢迎的位置,用餐高峰时,应对安排在这里的客人多说几句礼貌话以示关心与热情,如,可说:"小姐(先生),十分抱歉。今天客人太多,委屈您了,下次光临一定为您安排个好座位"。

（11）客人就餐完毕结账离开时,应礼貌送客,主动道别,微笑目送。

项目四 接 待 礼 仪

◇ 学习目标

　　掌握社交活动中接待礼仪的规格和标准要求。

◆ 案例导入

案例 贵宾房的准备

　　行政楼层在设施、服务和卫生等方面代表着一家饭店的最高水平,所以行政楼层的领班一般都是客房部领班中业务水平最高、工作能力和工作责任心最强的。行政楼层的服务人员也都是从客房部的服务员中挑选出来的,具有较高的工作技能和服务知识。

　　某饭店 9 楼是客房行政楼层,主要接待一些重要的商务客人和身份较高的贵宾。按照工作程序,接到"VIP 客人到店通知单"后,楼层领班首先要安排服务员对客人所订的客房进行彻底的清扫,对房间内的所有设备和用品进行检查,然后依次由领班检查、主管检查。另外,根据客人等级的不同,客房部经理对准备的房间进行检查或抽查。

这天,行政楼层的领班小刘接到一张"VIP客人到店通知单",将有一位重要客人入住行政楼层的905房。小刘安排一名客房服务员按照通知单上的房号和要求准备房间。由于所安排的客房服务员业务熟练、工作责任心很强,平时的接待从没发生过什么问题,所以她准备的房间小刘绝对放心。但由于这天行政楼层住的客人比较多,下午还要参加培训,时间很紧,所以小刘就没有对准备好的房间进行再次检查。

当天下午开完会以后,饭店总经理在客房部经理的陪同下,来到9楼检查905房间的准备情况。房间的设备、用品都没有问题,在检查床底下的时候,发现有一只用过的一次性拖鞋没有清理出来。这种情况在其他客房都是不许出现的,更不要说是行政楼层的贵宾房间了。

因为清扫和准备贵宾房间不认真,客房服务员被扣罚了半个月的奖金。领班小刘没有按照工作程序对准备的房间进行再次检查,属于失职,受到严厉批评,并被扣罚一个月的奖金。

评析:在为贵宾准备的房间床底下,发现一只用过的一次性拖鞋,出现这样的问题首先是行政楼层的客房服务员没有检查床底下造成的,而最终问题的出现,领班是应负主要责任的。

贵宾一般希望在饭店的每个服务环节上、每时每刻都能得到与其身份、地位相适应的尊重。一名员工、一个岗位、一个部门瞬间的疏忽都可能导致其他员工良好的服务付诸东流,即所谓的"$100-1\leqslant 0$"。因此,相关部门和相关岗位的衔接是做好贵宾接待工作的重要环节,哪个环节出现疏漏,都会影响贵宾的接待质量。

◆ 任务实训

任务 VIP客人接待礼仪训练

VIP客人接待礼仪训练的实训安排如表2-4-1所示,VIP客人接待考核评分表如表2-4-2所示。

表2-4-1 VIP客人接待礼仪训练实训安排

要 素	内 容
实训项目	VIP客人接待礼仪训练
实训时间	1课时
实训目的	掌握接待VIP客人的礼仪要求
实训要求	严格按照实训操作标准进行训练
实训方法	项目化模拟实训、角色扮演实训(8人/组)
实训准备	VIP接待通知单、行政套房、鲜花、水果篮、点心、饮料、小礼物和欢迎卡
实训操作流程	了解情况→布置房间→迎客服务→住店服务

要　素	内　容
实训操作标准	1. 了解情况 　　服务人员要根据各自的职责范围详尽了解 VIP 客人的风俗习惯、宗教信仰、健康状况、生活特点、接待标准等情况，充分研究和熟悉各个接待服务程序和细节，以保证接待等服务工作的圆满进行和完成 　　2. 布置房间 　　（1）按照新客人入住的操作规范检查、布置和摆放好壁柜、窗帘、沙发、台灯、落地灯、壁灯、吊灯、地（脚）灯、床、床头柜、写字台、台面物品、写字椅、纸篓、行李架、供水设备、供电设备 　　（2）检查、调试和摆放音响、电视机、空调、冰箱、电铃、电话 　　（3）根据接待标准准备好鲜花（花篮、插花），放在花架上，如房间没有花架，可将鲜花放置于茶几上或床头柜上。在花丛中别一张饭店总经理的名片或贺卡。摆放鲜花前，要对花卉进行清洗，摘去枯枝败叶，清除可能存在的昆虫等。插花要选择最新鲜的花枝，花枝剪下后要尽快使用，尽量避免过早采摘或剪下。为防止花朵过早凋谢，花枝剪下后应用火快速烧一下切口处再剪取约 3 cm，或用热水速烫切口处，花瓶用前要用开水烫一下。插花时要注意颜色搭配。客房内摆放的鲜花还可采用花篮的形式，即将鲜花束根部裹上带有营养物质的橡皮泥，放在花篮里，花束上可系上红绸条，显示喜庆欢迎的热烈气氛 　　（4）招待用品通常摆放在茶几上，由于茶几与沙发有平行与对放两种形式，其招待用品的摆放亦不同。茶几与沙发平行摆放时的摆法是：凉水具带垫碟放在托盘内上方，托盘内下方中线往外对称放两个水杯，水杯口朝上，外套消毒套，消毒套上"已消毒"字样朝外。整个托盘放在茶几最上方。果盘在左，果皮盘在右，两盘并列放在茶几中间。水果摆放正确，两把水果刀在果盘内刀相对平摆，刀把小部分在盘处，呈左下右上形状。烟灰缸放在茶几外端，两盒香烟平行放在烟灰缸前，两盒火柴分放在香烟两侧，图面向上。烟灰缸旁摆两个茶碟，杯碟上放盖杯，盖杯把儿向客人右手方向，茶碟、盖杯的图面向上。茶几与沙发对放时，果盘一个居中，果皮盘两个各居左右侧。左果皮盘上放小刀一把，刀刃向上，刀把一小部分在盘左外，整个刀横放在果盘中间。右果皮盘上放小刀一把，刀刃向下，刀把一部分在盘左外，刀横放在果盘中央 　　（5）卫生间用品摆放同一般新客住房的摆放，除各卫生清洁用品要求档次、质量较高外，毛巾、浴巾、面巾均是未使用过的。还要加配高级化妆品和未使用的睡衣一套。卫生间云石台上放上文竹等花卉一盆 　　（6）根据客人的身份等级，可向客人赠送一些工艺品和纪念品。 　　3. 迎客服务 　　客人到达时，饭店可组织有关员工列队欢迎，由主管以上级别人员将客人陪至房间并简单介绍饭店设施和客房设备。客人离店时也应有相应的欢送仪式 　　4. 对饭店和整个国家来说，各国政府首脑属于最重要的客人。因此，除按照 VIP 客人的接待规范进行外，在接待中还应特别做好特殊服务工作。具体包括： 　　（1）房间要有国家领导人或当地领导人送的花篮、饭店总经理送的水果或点心盒； 　　（2）房间酒吧除摆放外国酒外，还应有中国名酒、高级茶叶； 　　（3）房间赠摆新衬衣、睡衣，夫人房间摆放鲜花； 　　（4）卫生间摆放鲜花、化妆品、高级香水； 　　（5）客人在饭店内参加正式活动，所经路口、门口都有服务员站立、行注目礼、微笑欢迎； 　　（6）客房设专人服务； 　　（7）客人每离开房间一次，房间就要整理一次卫生。客人离店后，有专人检查房间，发现遗留、遗忘物品，尽快送还客人

2

表 2-4-2 VIP 客人接待考核评分表

考核内容	满分	实际得分
仪容仪表	10	
面部表情(眼神)	10	
姿 态	10	
语言的使用	10	
整体接待安排	30	
操作规范	30	
总 分	100	

◆ 相关知识

饭店的 VIP 宾客是指住店的非常重要的客人。VIP 宾客的接待服务工作做得如何,对饭店树立良好的声誉,提高饭店的知名度和经济效益起着至关重要的作用。

一、VIP 客人等级

饭店的 VIP 客人分为 A、B、C 三个等级。

A 等级:党和国家领导人,外国的总统、元首、首相、总理、议长等。

B 等级:我国及外国的各部部长,世界著名公司的董事长或总经理及各省、市、自治区负责官员。

C 等级:各地、市的主要党政官员;各省、市、自治区旅游部门的负责官员;国内外文化、艺术、新闻、体育等界的负责人员或著名人士;各地星级饭店的总经理;国内外著名公司、企业的董事长或总经理;与饭店有重要合作关系的企业厂长或总经理;饭店总经理要求按 VIP 规格接待的客人。

二、VIP 客人接待礼仪规格标准

(一) A 等级

1. 迎送

总经理率部分员工在大厅门口列队等候迎送客人。

2. 房间物品配备

除正常物品配备外,另增配:

(1) 放与房间格调相协调的工艺品。

(2) 写字台或会客茶几上放一盘插花(盘景),卫生间面盆台面上放一瓶插花。

(3) 每天放一篮四色水果(专用果篮、刀、叉、口布、洗手盅),四种小糕饼。

(4) 放总经理亲笔签名的致敬信和名片。

(5) 每天放两种以上的报纸(外宾要放英语版的《中国日报》)。

（6）做夜床时赠送一份精致的工艺品。

3. 餐饮要求

（1）客人抵店第一餐，由总经理引领客人进餐厅。

（2）使用专门小厅。

（3）每餐开出专用菜单。

（4）台面设专人服务。

（5）厨房设专人烹制菜点。

4. 保安要求

（1）事先保留停车位。

（2）店四周警卫和巡视。

（3）设专用客梯。

（二）B 等级

1. 迎送

总经理、大堂经理在大厅门口等候迎送客人。

2. 房间物品配备

除正常物品配备外，另增配：

（1）写字台或茶几上放一盘插花（盘景），卫生间面盆台面上放一瓶插花。

（2）每天放一篮四色水果（专用果篮、刀、叉、口布、洗手盅），四种小糕饼。

（3）放总经理亲笔签名的致敬信和名片。

（4）每天放两种以上的报纸（外宾要放英语版的《中国日报》）。

（5）做夜床时赠送一份精致的纪念礼品。

3. 餐饮要求

（1）客人抵达第一餐，由总经理或副总经理引领客人进餐厅。

（2）使用专门小厅。

（3）每餐开出专用餐单。

4. 保安要求

事先保留停车位。

（三）C 等级

1. 迎送

总经理或副总经理或大堂经理在大厅门口等候迎送客人。

2. 房间物品配备

除正常物品配备外，另增配：

（1）写字台或茶几上放一盘插花（盘景），卫生间面盆台面上放一瓶插花。

（2）每天放一篮四色水果（专用果篮、刀、叉、口布、洗手盅），四种小糕饼。

（3）放总经理亲笔签名的致敬信和名片。

（4）每天放两种以上的报纸（外宾要放英语版的《中国日报》）。

（5）做夜床时赠送一枝鲜花或巧克力。

3. 餐饮要求

（1）客人抵达第一餐，由总经理或副总经理引领客人进餐厅。

（2）使用专门小餐厅留座（视总经理要求而定）。

（3）每餐开出专用餐单（视总经理要求而定）。

三、VIP 客人接待礼仪

（1）负责接待的部门根据 VIP 通知单要求落实有关事宜（住房、用餐、接待迎送、用车、欢迎牌）。

（2）客房部按通知要求准备好房间，配好物品。

（3）餐饮部安排菜单、定餐桌（摆放贵宾席卡）、准备房内水果及配套用品。

（4）大堂经理应在客人抵达前 1.5 小时或客房中心通知后，按标准检查房间布置。

（5）总务部接到通知后，按规格制作好插花（盘景），在客人抵达前 1.5 小时送到客房中心。

（6）第一餐由专人将客人领入餐厅，向餐厅引座员交代来宾姓名及人数。

（7）接待部门经理或营销部经理征询并商定客人住店期间日程安排，落实用车、礼品等事宜。

（8）总经理或副总经理或大堂经理主动拜访客人，征询意见，及时反馈。餐饮部经理、客房部经理应每日了解贵宾用餐、住房情况，及时提供针对性服务。

（9）结账中心提前准备好账单，核实结算方式（免费或折扣），应尽量为宾客提前做好优先退房服务。

（10）落实客人用车事宜。

（11）有关人员提前到大厅等候，为客人送行。

（12）营销部及时将客人住店有关信息通知有关部门及岗位，并将贵宾客史入档。

（13）餐饮部建立客人饮食档案（如菜单、宴请单、口味等）。客房部建立客人房内服务档案。客人离开后以书面形式送至营销部存入贵宾客史档案。

项目五 馈赠礼仪

◇ 学习目标

熟悉礼品的正确选择，掌握不同场景下礼品馈赠时应注意的口头语言和体态语言。

◆ 案例导入

案例 赠送礼品

琼斯和琳达在同一个公司工作,并且关系非常要好。这一天,琳达邀请琼斯参加自己的婚礼,为了表达自己的祝福,琼斯考虑送给琳达一件新婚礼物,思来想去,琼斯选择了鲜花,他觉得送鲜花既时尚又浪漫,而且女孩子都喜欢,最好是红玫瑰。可是当琼斯满怀欣喜地捧着一大束红玫瑰出现在琳达夫妇面前并热情地递送到琳达手中时,他明显感觉到了琳达脸色发生的急剧变化并且迟疑着不敢接受这份祝福,而琳达的丈夫更是满脸不悦,现场气氛顿时异常尴尬。这件事引起了琳达丈夫的误会,破坏了他们新婚甜蜜愉悦的氛围,而琳达也费了很大工夫才将误会解除。

思考:琳达夫妇不悦的原因是什么呢?

◆ 任务实训

任务 礼品递送训练

礼品递送的实训安排如表 2-5-1 所示,礼品递送考核评分表如表 2-5-2 所示。

表 2-5-1 礼品递送训练实训安排

实训项目	礼品递送训练
实训时间	1 课时
实训目的	熟练掌握不同场景下礼品的正确选择并熟知礼品馈赠时应注意的语言和体态
实训要求	严格按照馈赠礼仪操作规范进行表演训练
实训方法	角色扮演分组实训
实训准备	场景布置,人员定角,道具准备等
实训流程	1.仍由上个项目市场调研各小组分组进行 2.各小组自己设计情景,将前期购买好的礼品融入一定的情节、场景、人物和对话并由本组学生进行表演
实训操作标准	1.礼品包装规范 2.着装整洁 3.面带微笑,诚心诚意地用双手递送礼品给人,并给予介绍 4.友善地用双手接过礼品,并表达谢意

表 2-5-2 礼品递送考核评分表

考核内容	满分	实际得分
礼品包装	20	
仪容仪表	15	

考核内容	满分	实际得分
语言规范	15	
操作规范	30	
主题设计	20	
总 分	100	

◆ 相关知识

古人云："礼尚往来。往而不来,非礼也;来而不往,亦非礼也。"中国自古以来就将送礼看作了一种最能表达情意的方式之一,并且发展至今,馈赠仍是人们在人际交往中的一项重要举措。若非要给馈赠下个定义的话,它指的是人们为了向他人表达某种个人意愿,而将某种物品不计回报、毫无代价地送给对方。成功的馈赠行为,可以恰到好处地向受赠者表达自己的尊重、友好或者是其他特殊的情感,能够有效地加强人们之间情感的沟通和联系。但是,在赠送礼品时,我们必须根据馈赠的目的来选择合适礼品,了解礼品馈赠的禁忌,当然礼品选好之后还应该知道怎样的装饰最能表达馈赠的情感,最后才是找到合适的机会和方法将礼物送出。所以,首先我们来了解一下馈赠礼品的目的有哪些:

一、馈赠礼品的目的

送礼前,一定要了解因为何事而送礼,以便选择合适的礼品取得良好的效果。馈赠的目的会有不同,或为结交朋友,或为祝贺庆功,或为酬宾谢客,当然也可以是其他目的。在这里做一下简单的总结:

(一) 以酬谢为目的

当我们接受他人的帮助之后应当表示感谢,这时可以选择馈赠来表达感谢之意。而礼品的贵贱要取决于他人帮助的性质、目的等。对方给予的帮助是物质的还是精神的,是慷慨无私的还是另有所图的,不同的情况,馈赠者作出的选择会有所不同。

(二) 以祝贺为目的

当朋友或其他组织恰逢庆典纪念或开业大吉之时,应送上一份贺礼以示祝贺。一般以赠送鲜花贺篮较为普遍,在花篮上写上祝贺之词和赠送单位或人的名称。当然,也可以选择一些牌匾、书画等既高雅又具有欣赏价值的礼品。

(三) 以巩固和维系人际关系为目的

这类馈赠,较为强调礼尚往来,就是我们平常所说的"人情礼",在我们生活中比较普遍。馈赠时,在礼品的种类、价值、包装等方面,会呈现出多样性和复杂性。

二、礼品的类型

不同的馈赠目的需要选择不同类型的礼品,那么,根据不同商品的特点,我们可以将礼品作如下划分:

(1)实用型。领带、钱包、香水、打火机等具有实用价值的商品。

(2)摆设型。公仔玩偶、招财猫、装饰品等能够起到装饰效果并给人带来温暖感觉的一类商品。

(3)代币型。手机充值卡、公交卡、超市代金券等方便实惠型礼品。

(4)奢侈品。手表、高档化妆品等高级礼品。

三、馈赠礼仪

(一)馈赠原则

馈赠礼品的目的和方式尽管多种多样,但无论是哪一种馈赠,如果希望它能够顺利地传递我们的友好和尊重,为我们的交际活动锦上添花就必须遵循以下原则:

1. 送礼要因人而异、投其所好、避其禁忌

送礼的对象多种多样,由于各自的阅历、喜好的不同,对物品的喜好也各不相同。即使是同样一件礼品所表现出来的态度也可能完全不一样。所以,在送礼前必须了解受礼者的年龄、性别、身份地位、性格特点以及民族习惯等情况,然后投其所好,避其禁忌,只有这样送礼才可能恰到好处。

2. 送礼要注意场合,且不同场合赠送不同的礼品

无论是何种目的的馈赠,都必须注意场合的选择。通常情况下,给关系较为亲密的人送礼不宜在公共场合进行,只有礼轻情意重的礼物才适合在大庭广众面前赠送,或者说那些能够表达特殊情感的特殊礼物可以在公众面前赠予。因为这时,公众已经变成你们真挚友情的见证人。但是,当众只给一群人当中的某一个人赠礼是不合适的,这样会冷落到没有受礼的人,并且会让他们有被轻视之感。

当然,不同的场合应该选择不同的礼品进行赠送。例如,探视住院病人可送果篮、送鲜花;应邀家中做客可送土特产、小纪念品、艺术品等小礼物;表达谢意可送锦旗、牌匾等。

3. 送礼要把握时机

馈赠时,时机的把握是非常重要的,中国人十分讲究"雪中送炭"一词,所以送礼还有时效性,因为只有在最需要的时候得到的才是最珍贵、最难忘的。任何超前或滞后的馈赠都不能实现预期的目的和效果。例如,你在朋友生日过去的第二天再送她一个生日蛋糕恐怕就会让对方哭笑不得。

4. 送礼应遵循"六不送"

所谓馈赠的"六不送"指的是:

（1）过于昂贵的礼物不送。

（2）伪劣产品不送。

（3）过期的、不健康的礼品不送。

（4）触犯对方禁忌的物品不送。

（5）过于私密、奢侈的礼品不送。

（6）容易让对方产生误解的礼品不送。

（二）礼品的包装

精美的包装同样是礼品的主要组成部分，它能够使礼品的外观更加具有艺术性和观赏性，能够更加显示出馈赠人的真情实意。所以，向对方赠送的礼品尤其是在正式场合赠送的礼品，在相赠之前，应该有精美的包装。礼品包装就像穿了一件外衣，这样才显得正式、高档，而且还会使受赠者感到备受重视。那么，在礼品包装时，也有一些问题需要注意：

（1）礼品包装前，一定要将标签拆掉，即使较难拆除也应该想办法遮盖住或用深色颜料涂掉。

（2）要选择在色彩、图案等方面都较为合适的礼品纸，一般来说不能选用黑色、白色的包装纸。同时，要注意不同的国家和民族的人对色彩和图案有不同的理解和喜恶，比如说日本人就不喜欢绿色，也不喜欢荷花的图案。

（3）如果赠送的是易碎的礼品，一定要装在硬质材料的盒子里，并且在里面填充一些防震材料，比如海绵、棉花等，然后再在外面用礼品纸包装好。

（4）如果礼品是托人转交或是悄悄赠送，为了让受礼者知晓礼品的来源，可以在礼品的包装纸上粘上一张小卡片或是信封。

（三）馈赠的方式

一般来说，赠送礼品应该双手奉送或者用右手奉送，避免使用左手。当受礼者是多人时，应该讲究赠送的顺序问题，尤其在较为正式的场合。赠送应从身份地位最尊的人开始，如果是同一级别则先赠年长者后赠年少者，先赠女士后赠男士。

在我国，赠礼时，受礼方会有推辞的习惯，但这只是一种礼节，并不代表真正意义的拒绝。如果赠送属于正当赠送而没有贿赂之意，则应大胆坚持片刻。如果对方仍坚持拒绝接受，则可能确有不能接受的理由，这时不应继续一再强求，当然也不能表现出不悦的情绪。

（四）馈赠的禁忌

由于各国、各民族的历史、文化、风俗习惯以及宗教信仰等方面的影响，不同国家、不同民族的人对同一礼品的态度会有所差异。当你冒犯对方禁忌时，就会使得即使一件本意想表达情意的礼物最终让人误会，甚至令人不快。所以，在送礼时应当事先考虑到对方受礼的禁忌，以免造成误会。

1. 违法、犯规的"馈赠"

在公务交往中,即使关系再特殊,也不要向国家公务人员作越规的"馈赠"。同时,对于任何人,都不能馈赠违反国家现行法律的物品。

2. 坏俗触忌的礼品

所谓坏俗触忌,指的是与对方所在地的风俗习惯相矛盾、相抵触,例如,向德国人赠送礼品时,不宜选择刀、剑、剪刀、餐刀、餐叉,也不可以用褐色、白色、黑色的包装纸和彩带包装。当然还有我们国内一些地区和民族的民俗禁忌,例如,探望香港的病人或亲友,不可以送剑兰、茉莉这样的花,因为,剑兰与"见难"谐音(意思是"以后难见了"),而茉莉与"没利""末利"谐音。

3. 有危害礼品

这里的有危害并不一定指的是对身体会造成伤害,更多的是指那些会对人们工作、生活、或身心健康带来危害的一类物品,如香烟、烈酒、庸俗低级的音像制品和书刊等,送这类礼品,即使是投其所好,也难免会落下害人之嫌。

◆ 综合实训

交往礼仪综合实训

交往礼仪综合实训的安排如表 2-6-1 所示,交往礼仪综合实训评分表如表 2-6-2 所示。

表 2-6-1　交往礼仪综合实训安排

要　素	内　　容
实训项目	交往礼仪综合实训
实训时间	1 课时
实训目的	运用所学交往礼仪相关知识,分小组自编、自导、自演主题交往礼仪情景剧,以巩固所学的技能和知识,并提高学生的兴趣及检验掌握的效果
实训要求	1. 每 6~8 人一组,如需要可另请同学客串,但客串同学不记分 2. 自己设定一情景,内容包括称呼、握手、鞠躬、介绍,递接名片,馈赠、站姿、坐姿、走姿、语言礼仪等内容,少一项扣 10 分 3. 出场后先由同学介绍剧情,人物 4. 先分小组进行表演,然后由老师、学生点评,最后进行评分
实训方法	角色扮演分组实训,课外练习,集中表演
实训准备	场景布置,人员定角,道具准备等
实训流程	按剧情称呼、握手、鞠躬、介绍,递接名片,交流
实训操作标准	称呼、握手、鞠躬、介绍,递接名片,交流、站姿、坐姿、走姿、语言礼仪等内容符合剧情

表 2-6-2 交往礼仪综合实训评分表

考核内容	满分	实际得分
仪容仪表	8	
面部表情	4	
走 姿	8	
站 姿	8	
坐 姿	8	
蹲 姿	8	
语 言	8	
握 手	8	
鞠 躬	8	
介 绍	8	
递 名 片	8	
整体印象	8	
主题创新	8	
总 分	100	

2

模块三 会议礼仪

项目一 仪式与典礼礼仪

◇ **学习目标**

了解剪彩的流程,熟悉剪彩前的准备工作,掌握剪彩礼仪人员的规范操作要求。熟悉签字仪式前的准备工作,掌握签字仪式礼仪的规范操作要求。熟悉颁奖仪式的流程,掌握颁奖礼仪的规范操作要求。

◆ 案例导入

案例 剪彩的由来

剪彩仪式起源于开张。据说美国人做生意保留着一种习俗,即一清早必须把店门打开,为了使人们知道这是一个新开张的店铺,还要特意在门前横系上一条布带。因为这样做既可以防止店铺未开张前闯入闲人,又起引人注目、标新立异的作用,等店铺正式开张时才将布带取走。

1912年,美国的圣安东尼州的华狄密镇上有一家百货公司将要开张,老板威尔斯严格地按照当地的风俗办事,在早早开着的店门前横系着一条布带,万事俱备,只等开张。这时,老板威尔斯十岁的女儿牵着一只哈巴狗从店里匆匆跑出来,无意间碰断了这条布带。这时在门外等候的顾客及行人以为开张营业了,蜂拥而入,争先恐后地购买货物,致使生意兴隆。不久,当老板的一个分公司又要开张时,想起第一次开张时的盛况,又如法炮制。这次是有意让小女儿把布带碰断,果然财运又不错。于是,人们认为让女孩碰断布带的做法是一个极好的兆头,因而争相效仿,广而推之。这之后,凡是新开张的商店都要邀请年轻的姑娘来撕断布带。

后来,人们又用彩带取代色彩单调的布带,并用剪刀代替用手撕,有的讲究用金剪刀。这样一来,人们就给这种正式做法取了个名——"剪彩"。剪彩的人也逐步由一些德高望重的社会名流甚至是国家元首担任。近年来,我国还推出了有杰出表现的社会先进人物参与剪彩,从而进一步倡导了尊重人民的良好社会风尚。

◆ 任务实训

任务1 剪彩礼仪训练

剪彩礼仪训练的实训安排如表 3-1-1 所示,剪彩礼仪考核评分表如表 3-1-2 所示。

表 3-1-1 剪彩礼仪训练实训安排

要　素	内　　容
实训项目	剪彩礼仪训练
实训时间	2 课时
实训目的	掌握剪彩礼仪的规范操作要求
实训要求	严格按照剪彩实训操作标准进行训练
实训方法	情境实训→学生分组练习→教师指导→学生分组再练习→教师考核
实训准备	场地的布置、环境的卫生、灯光与音响的准备、媒体的邀请、红色缎带、新剪刀、白色薄纱手套、托盘以及红色地毯,礼仪服务服装
实训操作流程	请来宾就位;宣布仪式正式开始;奏国歌;发言;剪彩;进行参观
实训操作标准	1. 当主持人宣告进行剪彩之后,礼仪小姐即应率先登场。在上场时,礼仪小姐应排成一行行进。从两侧同时登台,或是从右侧登台均可。登台之后,拉彩者与捧花者应当站成一行,拉彩者处于两端拉直红色缎带,捧花者各自双手手捧一朵花团。托盘者须站立在拉彩者与捧花者身后一米左右,并且自成一行 2. 在剪彩者登台时,引导者应在其左前方进行引导,使之各就各位。剪彩者登台时,宜从右侧出场。当剪彩者均已到达既定位置之后,托盘者应前行一步,到达前者的右后侧,以便为其递上剪刀、手套 3. 剪彩者若不止一人,则其登台时亦应列成一行,并且使主剪者行进在前。在主持人向全体到场者介绍剪彩者时,后者应面含微笑向大家欠身或点头致意。剪彩者行至既定位置之后,应向拉彩者、捧花者含笑致意。当托盘者递上剪刀、手套,亦应微笑着向对方道谢 4. 在正式剪彩前,剪彩者应首先向拉彩者、捧花者示意,待其有所准备后,集中精力,右手手持剪刀,表情庄重地将红色缎带一刀剪断。若多名剪彩者同时剪彩时,其他剪彩者应注意主剪者动作,与其主动协调一致,力争大家同时将红色缎带剪断。按照惯例,剪彩以后,红色花团应准确无误地落入托盘者手中的托盘里,而切勿使之坠地。为此,需要捧花者与托盘者的合作。剪彩者在剪彩成功后,可以右手举起剪刀,面向全体到场者致意。然后放下剪刀、手套于托盘之内,举手鼓掌。接下来,可依次与主人握手道喜,并列队在引导者的引导下退场 5. 退场时,一般宜从右侧下台。待剪彩者退场后,其他礼仪小姐方可列队由右侧退场 6. 不管是剪彩者还是助剪者在上下场时,都要注意井然有序、步履稳健、神态自然。在剪彩过程中,更是要表现得不卑不亢、落落大方

表 3-1-2 剪彩礼仪考核评分表

考核内容	满分	实际得分
准备工作	20	
仪容仪表	15	
剪彩流程	15	

续　表

考核内容	满分	实际得分
操作规范	30	
举止行为	20	
总　　分	100	

任务 2　签字仪式礼仪训练

签字仪式礼仪训练的实训安排如表 3-1-3 所示,签字仪式礼仪考核评分表如表 3-1-4 所示。

表 3-1-3　签字仪式礼仪训练实训安排

要　　素	内　　容
实训项目	签字仪式礼仪训练
实训时间	2 课时
实训目的	掌握签字仪式礼仪的规范操作要求
实训要求	严格按照实训操作标准进行训练
实训方法	情境实训法(教师讲解→学生分组练习→教师指导→学生分组再练习→教师考核)
实训准备	签字仪式场地、签字桌椅、国旗、花卉、文本、笔、酒等
实训操作流程	布置好签字厅;安排好签字时的座位;预备好签字的合同文本;规范好签字礼仪人员的服饰;签字仪式程序服务礼仪
实训操作标准	1. 签字的准备工作 (1) 布置好签字厅。签字厅要布置得庄重、整洁、清静。室内应铺满地毯,正规的签字桌应为长桌,其上最好铺设深绿色的台呢布。签字桌应横放于室内,在其后可摆放适量的座椅。签署双边性合同时,可放置两张座椅,供签字人就座。签署多边性合同时,可以仅放一张座椅,供各方签字人签字时轮流就座。也可以人每位签字人提供座椅。签字人就座时,一般应面对正门 (2) 文件、文具准备。在签字桌上,循例应事先安放好待签的合同文本以及签字笔、吸墨器等签字时所用文具 (3) 涉外签字国旗准备。与外商签署涉外商务合同时,还需在签字桌上插放有关各方的国旗。插放国旗时,在其位置与顺序上,必须按照礼宾序列,有关各方的国旗须插放在该方签字人座椅的正前方 2. 签字时的座次安排 应请客方签字人在签字桌右侧就座,主方签字人则应同时就座于签字桌左侧。双方各自的助签人,应分别站立于己方签字人的外侧,以便随时对签字人提供帮助。双方其他随员,可以按照一定顺序在己方签字人的正对面就座。也可依照职位的高低,依次自左至右(客方)或是自右至左(主方)列成一行,站立于己方签字人的身后。当一行站不完时,可按以上顺序并遵照"前高后低"的惯例,排成两行、三行或四行。原则上,双方随员人数,应大体上相当 3. 签字过程的服务礼仪 (1) 迎领有关各方入席 (2) 交换已签订的合同文本后,礼仪人员用托盘端上香槟酒,有关人员,尤其是签字人会当场干上一杯香槟酒 (3) 有次序退场。礼仪人员迎领双方领导者及客方先退场,然后东道主再退场。整个签字仪式以半小时为宜

3

表 3-1-4 签字仪式礼仪考核评分表

考核内容	满分	实际得分
准备工作	20	
仪容仪表	15	
签字流程	15	
操作规范	30	
举止行为	20	
总　　分	100	

任务3 颁奖礼仪训练

颁奖礼仪训练的实训安排如表 3-1-5 所示,颁奖礼仪考核评分表如表 3-1-6 所示。

表 3-1-5 颁奖礼仪训练实训安排

要　素	内　容
实训项目	颁奖礼仪训练
实训时间	2 课时
实训目的	掌握颁奖礼仪的规范操作要求
实训要求	严格按照颁奖礼仪实训操作标准进行训练
实训方法	情境实训法(教师讲解→学生分组练习→教师指导→学生分组再练习→教师考核)
实训准备	颁奖场地、奖品、颁奖礼服
实训操作流程	一般情况颁奖操作流程,特殊情况颁奖操作流程
实训操作标准	一般情况颁奖操作: (1) 首先由引导员把授奖人领上台。 (2) 礼仪小姐用托盘托住奖品上台(注:手臂与侧腰大约是一拳的距离,端托盘时,大拇指是露在托盘外面的)。 (3) 由引导员再把颁奖人引导上台。 (4) 礼仪小姐双手递呈且鞠躬让颁奖人接过奖杯或证书(注:向前微躬15°把奖杯或证书递给颁奖人)。 (5) 礼仪小姐先下台。 (6) 等颁奖人和受奖人拍照留念后,导位分别把颁奖人和授奖人引导回位。 特殊情况颁奖操作: 1. 如果颁奖人在台上 (1) 礼仪小姐直接把颁奖品用托盘托上台,把奖杯或证书直接给领导。 (2) 导位再把授奖人引导上台。 (3) 等颁奖人和授奖人拍照留念后,导位再把授奖人引导回位。 2. 如果授奖人在台上(授奖人数少) (1) 由引导员直接把颁奖人引导上台(礼仪小姐随颁奖人之后上台,颁奖人与礼仪小姐各站一边,颁完奖后礼仪小姐马上离开)。 (2) 颁奖人和授奖人合照完后,引导员分别把颁奖者和授奖人引导回位。 3. 如果颁奖场地不大(只有一位颁奖者) (1) 先由引导员把授奖者引导上台。 (2) 再由另一位引导员把颁奖者引导上台。 (3) 礼仪小姐随颁奖者身后上台。 (4) 把奖品递给颁奖者后礼仪小姐马上离开(从授奖者身后离开)。 (5) 颁奖人和授奖人合照完后,引导员分别把颁奖者和授奖者引导回位

3

表 3-1-6　颁奖礼仪考核评分表

考核内容	满分	实际得分
准备工作	20	
仪容仪表	15	
颁奖流程	15	
操作规范	30	
举止行为	20	
总　　分	100	

◆ 相关知识

一、剪彩礼仪

剪彩仪式,严格地讲,指的是商界的有关单位,为了庆贺公司的设立、企业的开工、宾馆的落成、商店的开张、银行的开业、大型建筑物的启用、道路或航线的开通、展销会或展览会的开幕等,隆重举行的一项礼仪性程序。因其主要活动内容,是约请专人使用剪刀剪断被称为"彩"的红色缎带,故此被人们称为剪彩。

在一般情况下,在各式各样的开业仪式上,剪彩都是一项极其重要的、不可或缺的程序。尽管它往往也可以被单独地分离出来,独立成项,但是在更多的时候,它是附属于开业仪式的。这是剪彩仪式的重要特征之一。

剪彩仪式上有众多的惯例、规则必须遵守,其具体的程序亦有一定的要求。剪彩的礼仪,就是对此所进行的基本规范。剪彩一直常盛不衰,并且仍然被业内人士所看好,主要是基于如下三个方面的原因:第一,剪彩活动热热闹闹,轰轰烈烈,既能给主人带来喜悦,又能令人产生吉祥如意之感;第二,剪彩不仅是对主人既往成绩的肯定和庆贺,而且也可以对其进行鞭策与激励,促使其再接再厉,继续进取;第三,剪彩可借自己的活动良机,向社会各界通报自己的"问世",以吸引各界人士对自己关注。

目前所通行的剪彩的礼仪主要包括剪彩的准备、剪彩的人员、剪彩的程序、剪彩的做法等四个方面的内容。以下,分别择其要点进行介绍:

(一) 剪彩的准备必须一丝不苟

准备涉及场地的布置、环境的卫生、灯光与音响的准备、媒体的邀请、人员的培训等。在准备这些方面时,必须认真细致,精益求精。

(二) 剪彩仪式使用的特殊用具的选择与准备

诸如红色缎带、新剪刀、白色薄纱手套、托盘以及红色地毯,应仔细选择与准备。

(1) 红色缎带,亦即剪彩仪式之中的"彩"。作为主角,它自然是万众瞩目之处。按照传统作法,它应当由一整匹未曾使用过的红色绸缎,在中间结成数朵花团而成。目前,有些单位为了厉行节约,而代之以长度为两米左右的细窄的红色缎带,或者以红布条、红线绳、红纸条作为其变通,也是可行的。一般来说,红色缎带上所结的花团,不仅要生动、硕大、醒目,而且其具体数目往往还同现场剪彩者的人数直接相关。循例,红色缎带上所结的花团的具体数目有两类模式可依:其一,是花团的数目较场剪彩者的人数多上一个;其二,是花团的数目较现场剪彩者的人数少上一个。前者可使每位剪彩者总是处于两朵花团之间,尤显正式。后者则不同常规,亦有新意。

(2)新剪刀,是专供剪彩者在剪彩仪式上正式剪彩时所使用的。它必须是每位现场剪彩人手一把,而且必须崭新、锋利而顺手。事先,一定要逐把检查一下将被用以剪彩的剪刀是否已经开刃,好不好用。务必要确保剪彩者在以之正式剪彩时,可以"手起刀落",一举成功,而切勿一再补刀。在剪彩仪式结束后,主办方可将每位剪彩者所使用的剪刀经过包装之后,送给对方以资纪念。

(3)白色薄纱手套,是专为剪彩者所准备的。在正式的剪彩仪式上,剪彩者剪彩时最好每人戴上一副白色薄纱手套,以示郑重其事。在准备白色薄纱手套时,除了要确保其数量充足之外,还须使之大小适度、崭新平整、洁白无瑕。有时,亦可不准备白色薄纱手套。

(4)托盘,在剪彩仪式上是托在礼仪小姐手中,用作盛放红色缎带、剪刀、白色薄纱手套的。在剪彩仪式上所使用的托盘,最好是崭新的、洁净的。它通常首选银色的不锈钢制品。为了显示正规,可在使用时上铺红色绒布或绸布。就其数量而论,在剪彩时,可以一只托盘依次向各位剪彩者提供剪刀与手套,并同时盛放红色缎带;也可以为每一位剪彩者配置一只专为其服务的托盘,同时使红色缎带专由一只托盘盛放。后一种方法显得更加正式一些。

(5)红色地毯,主要用于铺设在剪彩者正式剪彩时的站立之处。其长度可视剪彩人数的多寡而定,其宽度则不应在一米以下。在剪彩现场铺设红色地毯,主要是为了提升其档次,并营造一种喜庆的气氛。有时,亦可不予铺设。

(三) 剪彩的人员必须审慎选定

在剪彩仪式上,最为活跃的,当然是人而不是物。因此,对剪彩人员必须认真进行选择,并于事先进行必要的培训。

除主持人之外,剪彩的人员主要是由剪彩者与助剪者等两个主要部分的人员所构成。以下,就分别来简介一下对于他们的主要礼仪性要求。

在剪彩仪式上担任剪彩者是一种很高的荣誉。剪彩仪式档次的高低往往也同剪彩者的身份密切相关。因此,在选定剪彩的人员时,最重要的是要把剪彩者选好。

剪彩者,即在剪彩仪式上持剪刀剪彩之人。根据惯例,剪彩者可以是一个人,也可以是几个人,但是一般不应多于五人。通常,剪彩者多由上级领导、合作伙伴、社会名流、员工代表或客户代表所担任。

确定剪彩者名单,必须是在剪彩仪式正式举行之前。名单一经确定,应尽早告知对方,使其有所准备。在一般情况下,确定剪彩者时,必须尊重对方个人意见,切勿勉强对方。需要由数人同时担任剪彩者时,应分别告知每位剪彩者届时他将与何人同担此任。

这样做,是对剪彩者的一种尊重。千万不要"临阵磨枪",在剪彩开始前方才强拉硬拽,临时找人凑数。

必要之时,可在剪彩仪式举行前,将剪彩者集中在一起,告知对方有关的注意事项,并稍事训练。按照常规,剪彩者应着套装、套裙或制服,将头发梳理整齐。不允许戴帽子,或者戴墨镜,也不允许其穿着便装。

若剪彩者仅为一人,则其剪彩时居中而立即可。若剪彩者不止一人时,则其同时上场剪彩时位次的尊卑就必须予以重视。一般的规矩是:中间高于两侧,右侧高于左侧,距离中间站立者愈远位次便愈低,即主剪者应居于中央的位置。需要说明的是,之所以规定剪彩者的位次"右侧高于左侧",主要是因为这是一项国际惯例,剪彩仪式理当遵守。其实,若剪彩仪式并无外宾参加时,执行我国"左侧高于右侧"的传统作法,亦无不可。

助剪者,指的是剪彩者剪彩的一系列过程中从旁为其提供帮助的人员。一般而言,助剪者多由东道主一方的女职员担任。现在,人们对她们的常规称呼是礼仪小姐。

具体而言,在剪彩仪式上服务的礼仪小姐,又可以分为迎宾员、引导员(导位)、服务员、拉彩员、捧花员、托盘员。迎宾员的任务,是在活动现场负责迎来送往。引导员的任务,是在进行剪彩时负责带领剪彩者登台或退场。服务员的任务,是为来宾尤其是剪彩者提供饮料,安排休息之处。拉彩员的任务,是在剪彩时展开、拉直红色缎带。捧花员的任务则在剪彩时手托花团。托盘员的任务,则是为剪彩者提供剪刀、手套等剪彩用品。

在一般情况下,迎宾员与服务员应不止一人。引导员既可以是一个人,也可以为每位剪彩者各配一名。拉彩员通常应为两人。捧花员的人数则需要视花团的具体数目而定,一般应为一花一人。托盘员可以为一人,亦可以为每位剪彩者各配一人。有时,礼仪小姐亦可身兼数职。

礼仪小姐的基本条件是相貌较好、身材颀长、年轻健康、气质高雅、音色甜美、反应敏捷、机智灵活、善于交际。礼仪小姐的最佳装束应为:化淡妆,盘起头发,穿款式、面料、色彩统一的单色旗袍,配肉色连裤丝袜、黑色高跟皮鞋。除戒指、耳环或耳钉外,不佩戴其他任何首饰。有时,礼仪小姐身穿深色或单色的套裙亦可。但是,她们的穿着打扮必须尽可能地整齐划一。必要时,可向外单位临时聘请礼仪小姐。

(四) 剪彩的程序必须有条不紊

在正常情况下,剪彩仪式应在行将启用的建筑、工程或者展销会、博览会的现场举行。正门外的广场、正门内的大厅,都是可予优先考虑的。在活动现场,可略作装饰。在剪彩之处悬挂写有剪彩仪式具体名称的大型横幅,更是必不可少的。

一般来说,剪彩仪式宜紧凑,忌拖沓,在所耗时间上愈短愈好。短则一刻钟即可,长则至多不宜超过一个小时。

按照惯例,剪彩既可以是开业仪式中的一项具体程序,也可以独立出来,由其自身的一系列程序所组成。独立进行的剪彩仪式通常应包含以下六项基本程序:

1. 请来宾就位

在剪彩仪式上,通常只为剪彩者、来宾和本单位的负责人安排坐席。在剪彩仪式开

3

始时,应敬请大家在已排好顺序的座位上就座。在一般情况下,剪彩者应就座于前排。若其不止一人时,则应使之按照剪彩时的具体顺序就座。

2. 宣布仪式正式开始

在主持人宣布仪式开始后,乐队演奏音乐,现场可燃放鞭炮,全体到场者应热烈鼓掌。此后,主持人应向全体到场者介绍到场的重要来宾。

3. 奏国歌

此刻须全场起立。必要时,亦可随之演奏本单位标志性歌曲。

4. 发言

发言者依次应为东道主单位的代表、上级主管部门的代表、地方政府的代表、合作单位的代表等。其内容应言简意赅,每人不超过三分钟,重点分别应为介绍、道谢与致贺。

5. 剪彩

此刻,全体应热烈鼓掌,必要时还可奏乐或燃放鞭炮。在剪彩前,须向全体到场者介绍剪彩者。

6. 进行参观

剪彩之后,主人应陪同来宾参观被剪彩之物。仪式至此宣告结束。随后东道主单位可向来宾赠送纪念性礼品,并以自助餐款待全体来宾。

最后,剪彩的做法必须标准无误。进行正式剪彩时,剪彩者与助剪者的具体作法必须合乎规范,否则就会使其效果大受影响。

(五)剪彩礼仪的标准

(1)当主持人宣告进行剪彩之后,礼仪小姐率先登场。在上场时,礼仪小姐应排成一行行进。从两侧同时登台,或是从右侧登台均可。登台之后,拉彩员与捧花员应当站成一行,拉彩员处于两端拉直红色缎带,捧花员各自双手捧一朵花团。托盘员须站立在拉彩员与捧花员身后一米左右,并且自成一行。

(2)在剪彩者登台时,引导员应在其左前方进行引导,使之各就各位。剪彩者登台时,宜从右侧出场。当剪彩者均已到达既定位置之后,托盘员应前行一步,到达前者的右后侧,以便为其递上并剪刀、手套。

(3)剪彩者若不止一人,则其登台时亦应列成一行,并且使主剪者行进在前。在主持人向全体到场者介绍剪彩者时,后者应面含微笑向大家欠身或点头致意。剪彩者行至既定位置之后,应向拉彩员、捧花员含笑致意。当托盘员递上剪刀、手套,亦应微笑着向对方道谢。

(4)在正式剪彩前,剪彩者应首先向拉彩员、捧花员示意,待其有所准备后,集中精力,右手手持剪刀,表情庄重地将红色缎带一刀剪断。若多名剪彩者同时剪彩时,其他剪彩者应注意主剪者动作,与其主动协调一致,力争大家同时将红色缎带剪断。按照惯例,剪彩以后,红色花团应准确无误地落入托盘员手中的托盘里,而切勿使之坠地。为此,需要捧花员与托盘员的合作。剪彩者在剪彩成功后,可以右手举起剪刀,面向全体到场者致意,然后将剪刀、手套置于托盘之内,举手鼓掌。接下来,可依次与主人握手道喜,并列队在引导员的引导下退场。

(5)退场时,一般宜从右侧下台。待剪彩者退场后,其他礼仪小姐方可列队由右侧退场。

(6)不管是剪彩者还是助剪者在上下场时,都要注意井然有序、步履稳健、神态自然。在剪彩过程中,更是要表现得不卑不亢、落落大方。

二、签字仪式礼仪

(一)签字的准备工作

1. 布置好签字厅

签字厅要布置得庄重、整洁、清静。室内应铺满地毯,正规的签字桌应为长桌,其上最好铺设深绿色的台呢布。签字桌应横放于室内,在其后可摆放适量的座椅。签署双边性合同时,可放置两张座椅,供签字人就座。签署多边性合同时,可以仅放一张座椅,供各方签字人签字时轮流就座。也可以给每位签字人提供座椅。签字人就座时,一般应面对正门。

2. 文件、文具准备

在签字桌上,循例应事先安放好待签的合同文本以及签字笔、吸墨器等签字时所用文具。

3. 涉外签字国旗准备

与外商签署涉外商务合同时,还需在签字桌上插放有关各方的国旗。插放国旗时,在其位置与顺序上,必须按照礼宾序列,有关各方的国旗须插放在该方签字人座椅的正前方。

(二)签字时的座次安排

1. 签署双边性合同

应请客方签字人在签字桌右侧就座,主方签字人则应同时就座于签字桌左侧。双方各自的助签人,应分别站立于己方签字人的外侧,以便随时对签字人提供帮助。双方其他随员,可以按照一定顺序在己方签字人的正对面就座。也可依照职位的高低,依次自左至右(客方)或是自右至左(主方)列成一行,站立于己方签字人的身后。当一行站不下时,可按照以上顺序并遵照"前高后低"的惯例,排成两行、三行或四行。原则上,双方随员人数应大体相当。

2. 签署多边性合同

一般仅设一个签字椅。各方签字时,须依照有关各方事先同意的先后顺序依次上前。助签人应随之一同行动。在助签时,依"右高左低"的规矩,助签人应站立于签字人的左侧。有关各方的随员应按照一定的序列,面对签字桌就座或站立。

(三)对待签合同文本的要求

对待签合同文本有以下一些要求:

（1）依照商界的习惯，在正式签署合同之前，应由举行签字仪式的主方负责准备待签合同的正式文本。主方应会同有关各方一道指定专人，共同负责合同的定稿、校对、印刷与装订。按常规，主方应为在合同上正式签字的有关各方，均提供一份待签的合同文本。必要时，还可再向各方提供一份副本。

（2）按照国际惯例，签署涉外商务合同，待签的合同文本应同时使用有关各方法定的官方语言。

（3）待签的合同文本应以精美的白纸印制而成，按大八开的规格装订成册，并以高档质料如真皮、金属、软木等作为封面。

（四）签字的程序

签字仪式的正式程序一共分为四项，它们分别是：

（1）签字仪式正式开始时有关各方主要人员进入签字厅，在既定的位次上各就各位。

（2）签字人正式签署合同文本通常的做法是，首先签署己方保存的合同文本，接着再签署他方保存的合同文本。商务活动规定：每个签字人在己方保存的合同文本上签字时，按惯例应当名列首位。因此，每个签字人均应首先签署己方保存的合同文本，然后再交由他方签字人签字。这一做法，在礼仪上被称为"轮换制"。它的含义是在位次排列上，轮流使有关各方均有机会居于首位一次，以显示机会均等、各方平等。

（3）签字人正式交换经有关各方正式签署的合同文本。此时，各方签字人应热烈握手，互致祝贺，并相互交换各自一方刚才使用过的签字笔，以示纪念。全场人员应鼓掌表示祝贺。

（4）共饮香槟酒互相道贺。交换已签的合同文本后，有关人员，尤其是签字人当场干一杯香槟酒，是国际上通行的用以增添喜庆色彩的做法。

三、颁奖礼仪

（一）颁奖仪式程序

颁奖仪式包括以下程序：

（1）首先由引导员把授奖人领上台。

（2）礼仪小姐用托盘托住奖品上台。（注：丁臂与侧腰大约是一拳的距离，端托盘时，大拇指是露在托盘外面的）

（3）由引导员再把颁奖人引导上台。

（4）礼仪小姐双手递呈且鞠躬让颁奖人接过奖杯或证书。（注：向前微躬 15°把奖杯或证书递给颁奖人）

（5）礼仪小姐先下台。

（6）等颁奖人和受奖人拍照留念后，引导员分别把颁奖人和授奖人引导回位。

（二）特殊情况处理

（1）如果颁奖人在台上。

3

① 礼仪小姐直接把奖品用托盘托上台,把奖杯或证书直接给领导。

② 引导员再把授奖人引导上台。

③ 等颁奖人和授奖人拍照留念后,引导员再把授奖人引导回位。

(2) 如果授奖人在台上(授奖人数少)。

① 由引导员直接把颁奖人引导上台(礼仪小姐随颁奖人之后上台,颁奖人与礼仪小姐各站一边,颁完奖后礼仪小姐马上离开)。

② 颁奖人和授奖人合照完后,引导员分别把颁奖者和授奖者引导回位。

(3) 如果颁奖场地不大(只有一位颁奖者)。

① 先由引导员把授奖者引导上台。

② 再由另一位引导员把颁奖者引导上台。

③ 礼仪小姐随颁奖者身后上台。

④ 把奖品递给颁奖者后礼仪小姐马上离开(从授奖者身后离开)。

⑤ 颁奖人和授奖人合照完后,引导员分别把颁奖者和授奖者引导回位。

项目二　事务性会议礼仪

◇ **学习目标**

掌握会议礼仪常识和基本工作内容,能提供会议服务。

◆ **案例导入**

案例　房间的不同水果

桂花飘香的季节,某景色优美的湖滨饭店接待了一个非常重要的会议,与会者45人,会期10天。会议期间,饭店员工都处于紧张而有序的忙碌之中。

有一位细心的与会者陈先生在串门时发现,从开会的第二天开始,每个房间的水果各不相同,不禁有些好奇,晚上服务员小朱到房间做夜床时,陈先生就问她:"小姐,我们开会的房间里放的水果好像不一样,为什么?"

小朱看到陈先生房间里放的水果是苹果,连忙问陈先生:"您是不喜欢吃苹果吗?""哦,不,我喜欢吃苹果,不过我奇怪的是你怎么知道我喜欢吃苹果?"客人好奇地问。

小朱说:"喜欢就好,各位都是我们的贵宾,我们应该知道你们喜欢吃什么,至于怎么知道的,这是秘密。"客人笑了。

原来,为使这个重要的会议圆满成功,饭店不但从各方面收集信息,还要求各部门服务员对所负责区域的会议房间进行细致的观察,了解客人的偏好,如客人喜欢什么水果、饮料以及晚间休息的时间等,以便为客人提供最好的服务。服务员在清扫房间时,发现送进陈先生房间的苹果、香蕉等水果,陈先生只吃了苹果,而其他水果没有动过,由此推断陈先生对苹果"情有独钟",于是特意在陈先生的房间里多摆放了一些苹果。

3

评析:提供针对性服务首先要了解客人的喜好需求等信息。会议客人人数较多,成员之间差异较大,了解他们的个性特点、需求爱好并非易事。此案例中,客房服务员在工作中细心观察,根据放进客房水果的食用情况发现客人对水果的偏好,这给客人留下了良好印象。

◆ 任务实训

任务1　普通会议服务礼仪训练

会议服务礼仪

普通会议服务礼仪训练的实训安排如表 3-2-1 所示,普通会议服务礼仪考核评分表如表 3-2-2 所示。

表 3-2-1　普通会议服务礼仪训练实训安排

要　素	内　容
实训项目	普通会议服务礼仪训练
实训时间	1 课时
实训目的	掌握普通会议服务礼仪的规范操作要求
实训要求	严格按照会议服务礼仪实训操作标准进行训练
实训方法	情境实训法(教师讲解→学生分组练习→教师指导→学生分组再练习→教师考核)
实训准备	会议室、会议用品、会议设备
实训操作流程	准备工作→迎客服务→会中服务→会后结束工作
实训操作标准	1. 准备工作:①会议开始前一小时,服务员应在会场内做准备工作,如叠方巾、泡茶水。管理人员需注意检查会场清洁卫生和洗手间卫生情况,确保会场消防通道畅通,消防器材完好,注意防火、防盗等安全事项。②会议开始前三十分钟,应再次检查横幅、立牌、绿化布置、空调等情况,以及音控人员、洗手间清洁工是否到位。如有问题,需立即通知服务中心或有关部门人员,保证会议按时开始 2. 迎客服务:①会议即将开始之前,会场播放轻音乐,任何影响会议的工作如吸尘等应立即停止,服务员站在会议室外,面向客人到来的方向,保持微笑。若是重要会议,需有领班以上管理人员在场迎接。②会议服务人员在与会人员入场前应站立在会议厅门口两侧,客人到来时,有礼貌地向客人点头致意,使用问候和欢迎等礼貌用语。同时对已入座的客人,及时递上茶水、湿巾,茶水量一般控制在杯子的八成满。③对会议桌上的电脑、话筒、投影等,应主动介绍,协助客人连接和调试 3. 会议中服务:①宾主入座后,服务员应按礼宾次序(先宾后主或先女士后男士)及时上茶水。送茶水或冷饮,杯把朝向客人右手方向,上茶水时要热情地说"请"。②会议开始时,服务员应将会议室门关上。会议进行时,服务员应站在门口留意会议进程,观察随时可能产生的服务需求,注意与会人员动态,发现客人有异常,及时调节空调温度。③第一次续水间隔十五分钟,以后续水每次间隔二十分钟。④会议进行中,要注意观察会见厅内的动静,宾主有事招呼时,要随时应承,及时协助处理。⑤会议休息时,须及时补充和更换各种用品。⑥会议结束前,服务员应快步走向会议室门口,打开大门,站在门内一侧,保持微笑,身体略微前倾,欢送客人:"请慢走,欢迎下次再来" 4. 会议后结束工作:①对现场进行检查,发现客人遗忘物品要立即与其联系,尽快做好物归原主;如客人已离开,可交主办单位代为转交,但要有转交手续,并填写"物品转交登记表"。②将会议设备、物品收好并妥善存放,撤茶杯、烟灰缸,清扫整理会议室。③离开会议室时,全面检查各电源开关,并关闭门窗

表 3-2-2　普通会议服务礼仪考核评分表

考核内容	满分	实际得分
准备工作	20	
仪容仪表	15	
服务流程	15	
操作规范	30	
举止行为	20	
总　　分	100	

任务 2　会见服务礼仪训练

会见服务礼仪训练的实训安排如表 3-2-3 所示,会见服务礼仪考核评分表如表 3-2-4 所示。

表 3-2-3　会见服务礼仪训练实训安排

要　　素	内　　　容
实训项目	会见服务礼仪训练
实训时间	1 课时
实训目的	掌握普通会见服务礼仪的规范操作要求
实训要求	严格按照会见服务礼仪实训操作标准进行训练
实训方法	情境实训法(教师讲解→学生分组练习→教师指导→学生分组再练习→教师考核)
实训准备	会议室、会议用品、会议设备
实训操作流程	准备工作→迎客服务→会中服务→会后结束工作
实训操作标准	1. 准备工作:①配备服务用品:包括茶杯、托盘、方巾、镊子、垫碟、烟灰缸、便、火柴、圆珠笔或铅笔等。所有用品应于会见开始前半小时在茶几或长桌上按规格摆放好。②摆放招待用品:茶水、冷饮、水果、糕点。根据会见规格不同,招待用品有所增减 　　2. 迎客服务:参加会见的主人先行到达活动现场时,服务员要为其上茶 　　3. 会见中服务:①宾主入座后,两名服务员为一组,一名服务员给主宾上方巾,另一位服务员送茶水或冷饮,杯把朝向客人右手方向,上方巾、茶水时要热情地说"请"。②方巾用后需随即收回,上或撤方巾一律用镊子,不能用手直接接触方巾。③第一次续水间隔十五分钟,以后续水每次间隔二十分钟。④会见进行中,要注意观察会见厅内的动静,宾主有事招呼时,要随时应承,及时协助处理 　　4. 会见后结束工作:对现场进行检查,发现客人遗忘物品要立即与其联系,尽快做好物归原主。如客人已离开,可交主办单位代为转交,但要有转交手续,并填写"物品转交登记表"

3

表 3-2-4　会见服务礼仪考核评分表

考核内容	满分	实际得分
准备工作	20	
仪容仪表	15	
服务流程	15	
操作规范	30	
举止行为	20	
总　　分	100	

◆ 相关知识

一、会议概念及种类

（一）会议的概念

会议，又称集会或聚会。一般情况下，会议是有组织、有领导地使人们聚集在一起，对某些议题进行商议或讨论的集会。在现代社会里，它是人们从事多类有组织的活动的一种重要方式。

会议的概念有狭义和广义之分：狭义的会议是指为实现一定目的，由主办或主持单位组织、由不同层次和不同数量的人参加的一种事务性活动；广义的会议泛指一切集会。会议应具有三个要素：一是有形式，即有名称、时间、地点、方式、主持人、与会者；二是有内容，即有指导思想、议项、目的、任务、结果；三是有程序，即有准备阶段、开始阶段、结束阶段。

（二）会议的种类

会议是组织中互相沟通信息、交换意见以及形成决策的重要活动。会议的类型多种多样，按会议的性质和目的来分，主要有三大类型，第一种是沟通意见、交流信息的讨论型会议，如产销协调会；第二种是传达信息、发布信息的传达型会议，如记者发布会；第三种是产生共识以及激励为主的共识型会议，如员工年度表彰大会。会议的类型不同、目的不同、对象不同，场地布置方式、主持方式也都不同。无论什么目的，要想取得良好的效果，会议的组织、出席、进行就必须讲究礼仪，以便与会者的思想感情能很好地进行沟通。会议礼仪是会议取得成功的重要保证。

二、会议的礼仪

（一）主持人的礼仪

各种会议的主持人，一般由具有一定职位的人担任，其礼仪表现对会议能否圆满成功有着重要的影响。

（1）主持人应衣着整洁，大方庄重，精神饱满，切忌不修边幅，邋里邋遢。

（2）走上主席台应步伐稳健有力,行走的速度因会议的性质而定,一般地说,参加热烈的会议步频应较慢。

（3）入席后,如果是站立主持,应双腿并拢,腰背挺直。持稿时,右手持稿的底中部,左手五指并拢自然下垂。双手持稿时,应与胸齐平。坐姿主持时,应身体挺直,双臂前伸。两手轻放于桌沿,主持过程中,切忌出现搔头、揉眼、抖腿等不雅动作。

（4）主持人言谈应口齿清楚,思维敏捷,简明扼要。

（5）主持人应根据会议性质调节会议气氛,或庄重,或幽默,或沉稳,或活泼。

（6）主持人对会场上的熟人不能打招呼,更不能寒暄闲谈,会议开始前,或会议休息时间可点头、微笑致意。

（二）会议发言人的礼仪

会议发言有正式发言和自由发言两种,前者一般是领导报告,后者一般是讨论发言。正式发言者,应衣冠整齐,走上主席台时,应步态自然,刚劲有力,体现一种成竹在胸、自信自强的风度与气质。发言时应口齿清晰,讲究逻辑,简明扼要。如果是书面发言,要时常抬头扫视一下会场,不能低着头读稿,旁若无人。发言完毕,应对听众的倾听表示谢意。自由发言则较随意,要注意发言应讲究顺序和秩序,不能争抢发言;发言应简短,观点应明确;与他人有分歧时,应以理服人,态度平和,听从主持人的指挥,不能只顾自己。如果有会议参加者对发言人提问,发言人应礼貌作答,对不能回答的问题,应机智而礼貌地说明理由,对提问人的批评和意见应认真听取,即使提问者的批评是错误的,也不应失态。

（三）会议参加者礼仪

会议参加者应衣着整洁,仪表大方,准时入场,进出有序,依会议安排落座,开会时应认真听讲,不要交头接耳,发言人发言结束时,应鼓掌致意,中途退场应轻手轻脚,不影响他人。

三、会议接待服务礼仪

（一）会议接待服务的含义

会议接待服务是指为各类会议提供必要的服务,是随会议的召开或举办相关的活动而产生的。因此,会议接待服务的概念有狭义和广义之分。狭义的会议接待服务,专指为各类会议如总结会、研讨会、现场会、报告会、座谈会、经验交流会、洽谈会等提供服务。广义的会议接待服务,是指为各种聚会或大型活动如各种类型的展览会、博览会、运动会、联欢会、文艺演出等提供全方位服务。

会议接待服务是一个复合词语,包括"接待"和"服务"两部分:"会议服务"是一种常见的服务形式,是为会议所进行的各种事务性服务,如倒茶、扫地、清洁卫生、安排食宿等;"会议接待"也是一种服务,它属较高层次的服务,如迎宾、会议布置、装饰、安排等。现代会议接待服务已把政治、文化、礼仪、气质等要求融入服务的整个过程。因此,会议

3

接待服务员必须有较高的政治素质和业务素质。

(二) 会议接待服务内容

会议接待服务的内容主要包括会议服务和会议接待两个方面。一般来讲,会议接待工作主要在两头,而会议服务在中间,它们是一个有机的整体,哪一环都不能脱节或疏忽。

会前准备工作,如会议通知、会场布置、会议编组、证件印发、交通接送、安全保障等。

会间服务工作,如人员签到、迎宾入座、文件印发、会议记录、参观引导、会场调度、生活服务等。

会后收尾工作,如票务安排、文件清退、财务结算、会场清理、人员送别等。

(三) 会议接待服务礼仪

1. 会前准备工作

会前的准备工作对会议的服务质量有着至关重要的影响。准备工作虽然千头万绪,但可以归纳为以下几条。

(1) 了解情况,布置任务。在接到会议通知后,需要召集有关部门对这次会议进行研究,了解会议的要求,出席会议的人数,会议时间、日程、场地的安排等,并要根据会议的具体要求,制订出行之有效的接待方案,同时将任务落实到各个部门。

(2) 物质准备和人员分工。对沙发、椅子、桌子、茶几、地毯、茶具、热水瓶、毛巾等物品进行全面检查,按计划用量配置用品,以满足会议的要求。对现场工作人员事先进行挑选、组织、分工,统筹调整,合理分配,实行定岗位、定人员、定任务的"三定"岗位责任制。

(3) 做好清洁卫生和安全检查工作。凡属于大会使用的场地、行走路线、周围环境等场所,均要进行全面细致的清洁卫生工作,并达到卫生标准。对与会议有关的场所、设备、建筑、陈设等,均要进行安全检查,确保会议的安全。

(4) 进行严格的业务培训。会议前,特别是全国性会议或大型的国际性会议前,所有工作人员都要按分工提前进入工作岗位,进行本岗位业务训练,熟悉岗位环境,了解工作职责和岗位服务规范。结合岗位情况进行着装、举止言谈、服务操作等方面的专门训练。按一流服务水平的要求,在会前进行一次业务演习。如 2001 年 10 月上海 APEC 会议时,各接待服务单位为保证服务质量,进行了系统、规范、全面的培训,提高了员工的整体素质,出色地完成了 APEC 会议接待任务。

2. 会议服务人员要求

(1) 仪容仪表要求。着装整洁,佩戴标牌;女服务员须化淡妆,不浓妆艳抹,不佩戴首饰;站姿规范端庄。

(2) 语言要求。语调温和亲切,音量适中,普通话规范,语言文明礼貌,适时运用"您好""请""欢迎光临""没关系"等礼貌用语;向服务客人主动打招呼。

（3）态度要求。服务员须做到敬业、勤业、乐业,精神饱满,彬彬有礼;做到微笑服务,态度诚恳、热情、周到。

（4）纪律要求。上班前不饮酒,不吃异味食品;不准擅自脱岗、漏岗,不在服务场所使用电话;严格遵守职业道德、保密制度。

（5）卫生要求:讲究个人卫生,勤理发、勤洗手、勤剪指甲;会议用品、用具等要分类保管;用过的杯具、烟灰缸、毛巾托等须及时清洗,摆放整齐;须对杯具进行消毒清洗,存放在杯具保洁柜内,毛巾送洗衣房洗涤。

3. 会议服务规程

（1）场内服务。场内服务是指在会议场所内为与会者指路引座的服务工作。其工作规程是,按要求摆好指路牌和带有各种标志的牌号。

入场前一小时,场内服务员统一着装,仪表整洁地站在各走道口的一侧,面向与会者,做好迎接与会者入场的准备。

场内服务员应熟悉场内区域座号,主动为与会者引座,做到准确无误,指路时右手抬起,四指并拢,拇指与其余四指自然分开,手心向着客人,示意所指方向时说“请这边走”或“请那边走”。

会议开始时,场内服务员站到工作岗位上,站姿端庄、大方,精力集中,认真观察场内动静,如有行动不便的与会者站起,要迅速前往照顾。无关人员一律劝其退场,保持场内秩序井然。

会议结束后,场内服务员按分工划分的责任区域认真细致地进行检查,擦桌面,理抽屉,如发现遗失的东西,要记清座排号码,及时上交或汇报。认真做好当日收尾工作,妥善收存各种牌号,为次日会议的工作做准备。

（2）主席台服务。主席台服务员应明确主席台总人数和各排人数、主要人员的座位,以及生活习惯、招待标准和工作要求。按人数配齐桌椅,摆放茶垫、茶杯（加好茶叶）、烟缸、火柴、毛巾盘、名签座、便笺、铅笔、排次牌等,要求这些物品距离一致,整齐划一。垫盘、茶杯的花纹图案要正对客人,茶杯把手向里,略有斜度。

会前三十分钟,服务员从最后一排开始,按顺序依次斟倒茶水。倒水时步态平稳,动作协调,左手小拇指与无名指夹住杯盖,中指与食指卡住杯把,大拇指从上捏紧杯把,将茶杯端至腹前,右手提暖瓶将水徐徐斟入杯中,以八分满为宜。然后将杯子放到垫盘上,盖上杯盖。

会前十分钟,按各自分工各就各位,照顾好与会者的入场、就座。第一次隔三十分钟续一次水,以后每四十分钟续水一次。

收尾工作按顺序进行,撤茶杯盖,倒剩茶水,收茶杯,收回毛巾、火柴、烟缸、名签座,并做好下次会议的准备工作。

主要参考书目

[1] 张岩松.现代交际礼仪[M].北京:经济管理出版社,2002.

[2] 金正昆.公司礼仪[M].北京:首都经济贸易大学出版社,2003.

[3] 崔佳山.旅游接待礼仪[M].北京:科学出版社,2005.

[4] 谢苏.旅游社交礼仪[M].武汉:武汉大学出版社,2006.

[5] 孙素,陈萍.旅游服务礼仪[M].北京:北京理工大学出版社,2010.

[6] 洪美玉.旅游接待礼仪[M].北京:人民邮电出版社,2006.

[7] 张晓明,袁林.沟通与礼仪[M].北京:科学出版社,2009.

[8] 陆永庆,王春林,郑旭华.旅游交际礼仪[M].3 版.辽宁:东北财经大学出版社,2006.

郑重声明

高等教育出版社依法对本书享有专有出版权。任何未经许可的复制、销售行为均违反《中华人民共和国著作权法》，其行为人将承担相应的民事责任和行政责任；构成犯罪的，将被依法追究刑事责任。为了维护市场秩序，保护读者的合法权益，避免读者误用盗版书造成不良后果，我社将配合行政执法部门和司法机关对违法犯罪的单位和个人进行严厉打击。社会各界人士如发现上述侵权行为，希望及时举报，我社将奖励举报有功人员。

反盗版举报电话 （010）58581999 58582371
反盗版举报邮箱 dd@hep.com.cn
通信地址 北京市西城区德外大街 4 号　高等教育出版社知识产权与法律事务部
邮政编码 100120

高等教育出版社　　**教学资源服务指南**

感谢您使用本书。为方便教学，我社为教师提供资源下载、样书申请等服务，如贵校已选用本书，您只要关注微信公众号"高职财经教学研究"，或加入下列教师交流QQ群即可免费获得相关服务。

 高职财经教学研究
高等教育出版社(上海)教材服务有限…
上海

高等教育出版社旗下产品，提供高职财经专业课程教学交流、配套数字资源及样书申请等服务。›

资源下载： 点击"**教学服务**"—"**资源下载**"，注册登录后可搜索相应的资源并下载。
（建议用电脑浏览器操作）
样书申请： 点击"**教学服务**"—"**样书申请**"，填写相关信息即可申请样书。
样章下载： 点击"**教学服务**"—"**教材样章**"，即可下载在供教材的前言、目录和样章。
题库申请： 点击"**题库申请**"，填写相关信息即可申请题库或下载试卷。
师资培训： 点击"**师资培训**"，获取最新会议信息、直播回放和往期师资培训视频。

 联系方式

旅游大类QQ群：142032733
联系电话：（021）56961310　　电子邮箱：3076198581@qq.com